史要卷三

荆溪任啟運輯
邑後學吳兆慶纂註
族孫麟徵增註

晉　西晉凡四主共五十二年起乙酉止丙子滅吳混一祇三十七年起庚子止丙子東晉凡十一主共一百三年起丁丑止己未兩晉一合十五主一百五十五年

晉祖武皇父昭祖懿【註】武帝姓司馬名炎字安世温縣人祖懿魏丞相父昭繼伯師位封晉公加九錫進爵爲王是爲世祖武皇帝【備註】楚漢間司馬卬之後以金德王都洛陽建元曰泰始曰咸寧曰太康曰太熙　武帝篡魏并吳矯魏奢靡除吳苛政輔之以羊杜諸臣似乎始政可觀乃平吳後日即怠荒既縱劉淵開五胡亂華之首又詔罷諸郡兵山濤之言不聽郭欽之疏不行不數傳而宇內分裂宜哉　上素冠蔬食謁崇陽陵羊祜以先王之禮當復裴秀傅玄請易服復膳詔曰每念不得終苴絰之禮以爲沈痛況食稻衣錦朕本諸生家傳禮來久何能改易試省孔子答宰我語無事紛紜也遂蔬素終三年　初漢魏以來羌夷鮮卑多處之西北雍涼諸郡京兆魏郡弘農兼有之歷久而蕃息漸爲民害侍御史隃麋郭欽疏曰宜及平吳之威謀臣猛將之略漸徙內郡雜夷於邊峻南夷出入之防明先王荒服之制萬世長策也不聽且詔曰今天下爲一當戢干戈刺史分職如漢故事撤去州郡兵大郡置武吏百人小郡五十僕射山濤諫不納五胡亂華基此　上問劉毅曰朕可方漢何帝曰桓靈曰何至於此曰桓靈賣官錢入官庫陛下賣官錢入私門此擬殆不及也

仕曹滅劉篡魏稱帝【註】仕曹魏滅蜀漢昭卒帝襲爵尋受魏禪即帝位

范粲寢車王裒詩廢【註】中郎范粲見司馬師廢芳玄髦素服哭送陽狂不言寢所乘車足不履地凡三十六年年八十四終于所乘之車　初東關之敗王裒父儀嘗爲安東司馬昭問誰任其咎儀言責在元帥文帝怒斬之裒痛父非命讀詩至哀哀父母章三復流涕門人爲之

廢蓼莪

易綈焚裘始矯奢弊註帝以恭儉自勵有司嘗奏御牛素絲綈斷詔以青麻代之太醫司馬程據獻雉裘帝以奇技異服典禮所禁焚之殿前勑內外有犯者罪帝承魏氏奢侈之後矯以仁儉後頗事游宴矣

張雷博聞祥覽孝悌註司空張華以文學才識名重一時豫章雷煥精象緯能望氣以博物稱　太保王祥事繼母朱氏孝會天寒凍母欲魚祥即解衣剖冰求之雙鯉忽躍出又思黃雀炙復有雀數十飛至幙家有丹柰結實母命守之遇風雨祥輒抱樹泣異母弟覽幼時見祥被母楚輒涕泣抱持甫成童每諫其母母以非禮使祥覽輒與俱祥有時譽母疾之密酖祥覽覺徑起取酒母

急奪反之地計不得行

傅玄振纓周處自勵註校尉傅玄性峻急不能有所容每奏劾或值日暮捧白簡整簪帶竦踴不寐坐而待旦于是貴游懾服臺閣生風　陽羨周處少孤膂力絕人好田獵不修細行州曲患之處自知為衆所惡乃慨然有改勵之志謂父老曰今時和歲豐何苦不樂父老曰三害未除何樂之有處曰何謂對曰南山白額虎長橋下蛟與子而三處乃入山射殺猛獸投水搏蛟三日三夜斬之遂入吳從二陸學有文思後齊萬年反為梁王彤所陷孤軍促進戰六陌死謚孝侯増註惠帝永熙六年秦雍氏羌齊萬年反僭帝號圍涇陽詔以將軍周處討之七年春正月處與萬年戰敗死之初處為御史中丞彈劾不避權貴梁王彤常違法度處按劾之至是詔以處為建威將軍隷安西將軍夏侯駿麾下萬年聞處來曰周府君有文

武才若專斷而來不可當也或受制於人則成禽耳萬年屯梁山有衆七萬形駿使處以五千兵攻之處曰軍無後繼必敗不徒身亡爲國取辱無益也形駿逼遣之自旦至暮矢盡援絶處曰是吾致命之日遂戰死

羊祜輕裘杜預武庫【註】都督羊祜鎮襄陽綏懷遠近嘗輕裘緩帶身不披甲　杜預在尙書七年損益庶政時人謂之杜武庫言其無所不有也【增註】羊祜字叔子泰山南城人續之孫官至太傅與吳荊州牧陸抗對境抗遺酒祜飲之抗疾祜饋藥卽服之曰豈有酖人羊叔子哉嘗遊峴山襄陽人建碑其上歲時祭祀望碑流涕謂之墮淚碑及平吳上泣曰此皆羊太傅功也　杜預在荊州時上表請伐吳帝方與張華圍棊華卽推枰斂手曰陛下神武國富兵强吳主淫虐討之可不勞而定

山濤內憂王濬飛渡【註】王衍畢卓等俱尙清談衍少時山濤見之歎曰何物老嫗生此寧馨兒然誤天下蒼生者必此人也後爲石勒所殺　晉大舉伐吳吳人以鐵鎖橫截江磧要害處龍驤將軍王濬作大炬燒斷之遂自武昌順流而下風利不得泊【增註】濤言不宜去州郡武備

庚子平吳羊車引路【註】太康元年庚子皓面縛輿櫬詣軍門降吳平　帝乘羊車選孫皓妓妾五千人入宮恣游于內至便宴寢宮人插竹于戶以鹽汁灑地引車【增註】咸寧以後京洛人有兼男女體亦能兩用人道性又淫以此士大夫尙男寵甚於女色陰陽顚倒百怪所由生也　索靖知將亂指銅駝會見汝在荊棘中時奴卒亦加爵位朝會貂蟬盈坐諺曰貂不足狗尾續按史記銅槖駝秦始皇鑄魏明帝自長安徙至洛陽宮門外後石虎又遷之鄴

疎斥齊王亂起五部【註】帝母弟齊王攸官司空侍中德望日隆荀勖等惡之乃譖于帝以爲大司馬都督青州諸軍遣之祭酒曹志歎曰安有如此才望而遣出海隅晉室其殆矣帝大怒免志等官賜齊王備物殊禮暢尊而陰逼之攸憤惌卒　以劉淵爲五部大都督分其衆爲

五五姓擾亂實自此始由王渾之薦也【增註】淵輕財好施傾心接物五部氏羌幽冀名儒多歸之郭欽極諫宜徙內郡雜胡于邊不聽

孝惠問蟇賈后悍妬【註】帝在位二十五年崩太子衷立是爲惠帝帝昏愚嘗聞蝦蟇聲問左右曰此鳴者爲官乎爲私乎　后名南風賈公充之女凶悍多權畧干預政事爲太傅楊駿所抑后殺之又以戟擲孕妾子隨刃墮已卒之嗣【增註】時天下飢饉百姓多餓死帝聞之曰何不食肉糜　建元曰永熙曰永平曰元康曰永康曰永寧曰太安曰永安曰建武曰永興曰光熙曰　尚書令安邑衛瓘侍宴陵雲跪武帝前以手撫牀曰此座可惜上曰爾醉矣和嶠曰太子有淳古之風但今士情甚偽恐不了家事惡婦之敗人家國代雖有之然無如賈南風之烈致八王骨肉紛爭屠戮殆盡而劉淵起北漢李雄踞成都五胡雲擾四百餘年禍實基于淫虐之一賈也時張華號稱博洽漫無一語以格其非少子韙見兩血星拆勸其遜位華反以天道幽遠靜以待之爲詞滅理喪心遂迎賊后以亡其國亦族以償誰曰不宜

弒姑殺子錢神作賂【註】后宣言太后與楊駿同反廢爲庶人尋弒之于金鄘城廣陵王遹已立爲太子后尋廢而殺之嘗以手殺數人　時政出羣下貨賂公行南陽魯褒作錢神論以諷之

八王樹兵亮瑋先仆趙倫既誅齊冏亦蹶乂穎尋兵越顒覆轍【註】八王亮倫皆宣帝懿子冏武帝弟攸之子瑋乂穎皆武帝子顒宣帝弟孚之孫越宣帝弟馗之孫也后忌汝南王亮秉政不得專恣會稽王瑋怨亮譖之謀廢立后使帝作手詔授瑋免亮官瑋遂殺亮后又恐威權歸瑋誣瑋矯詔殺之后害太子遹趙王倫使齊王冏廢后殺之倫篡立冏與成都王穎河間王顒討誅倫帝復位以冏輔政驕奢擅權顒檄長沙王乂殺冏穎嫌乂在內

與顒共攻乂乂屢破之東海王越慮事不濟潛殺乂以顒爲太弟顒僭侈越奉帝征之顒拒戰于蕩陰王師敗績後顒兵敗出奔頓邱太守馮嵩執顒送鄴斬之顒爲東海王越所敗逃入山越徵爲司徒顒出就徵越兄南陽王模邀殺之懷帝時越討石勒卒於項勒追及之剖越柩焚其尸【增註】倫廢賈后遂殺司空張華僕射裴頠初平陽韋忠有名望裴頠薦于華華辟之辭疾不赴人問其故忠曰張茂先華而不實裴逸民慾而無厭棄典禮而附賊后此豈丈夫之所爲常恐溺於深淵而餘波及之况可褰裳就之乎

張翰思蓴王衍營窟【註】東曹椽張翰見齊王冏驕奢淫佚慮禍及因秋風起思菰菜蓴羹鱸魚鱠歎曰人生貴適志耳富貴何爲即引去　司徒王衍以弟澄爲荊州都督族弟敦爲青州刺史語之曰卿二人在外而吾居中足爲三窟矣【增註】石勒執衍等衍自言少無宦情不預世事因勸勒稱尊號勒曰君少壯登朝名蓋四海身爲太尉何得言無宦情破壞天下非君而誰勒謂孔萇曰吾行天下多矣未嘗見此輩人尚可存乎夜使人排牆殺之

崇岳同誅機雲族滅【註】黃門潘岳嘗撻小吏孫秀衛尉石崇有愛妾綠珠秀求之不與及淮南王允討倫敗秀附趙王倫因誣岳崇奉允爲亂倫遂族誅岳崇　節度陸機宦人孟玖有寵于成都王穎玖弟超不受機令敗沒疑機殺之譖于穎穎怒令殺之【增註】機釋戎服着白帢爲牋辭穎旣而歎曰華亭鶴唳可復聞乎　玖欲用其父爲邯鄲令右司馬陸雲不許穎旣收機後又收雲玖令殺之皆夷三族【增註】初淮南王允知倫有篡逆志潛謀誅倫而倫子汝陰王虔詐稱帝有詔助淮南而允不之覺開陣受詔遂爲所害

鄙矣戎籌卓哉嵇血【註】司徒王戎爲三公與時浮沈性復

貪吝田圍徧天下每自執牙籌晝夜會計常若不足侍中嵇紹從帝征成都王潁乘輿敗于蕩陰帝頰中三矢百官侍御皆散紹朝服登輦衛帝被殺血濺帝衣【增註】西晉王弼戎衍何晏之罪浮於桀紂桀紂止縱暴一時喪身亡國而已王何等蔑棄典文幽沉仁義以至禮壞樂崩中原傾覆其禍且流及後世

懷愍青衣庾辛死節【註】帝在位十七年中毒崩太弟熾立是爲懷帝（建元永嘉）在位四年漢劉聰入寇陷洛陽執帝去聰宴羣臣于光極殿使帝着青衣行酒侍中庾珉等見帝行酒不勝悲憤因號泣聰殺之帝亦遇害雍州刺史賈疋立秦王業爲太子武帝孫吳王晏之子也都于長安是爲愍帝（建元建興）在位四年劉曜陷長安帝降曜饗羣臣使帝行酒洗爵又使更衣執蓋戎服執戟尚書郎辛賓抱帝大哭曜殺之并害帝

司馬已亡洛都荊棘【註】西晉司馬氏亡洛都荒廢

當時倡亂齊民倡逆【註】惠帝元康六年秦雍氐羌帥齊萬年僭帝號圍涇陽命將軍周處討之爲其所敗力戰而沒尋萬年爲將軍孟光所獲自秦始皇并天下兵威旁達攘吳走越天下寧靜至氐人萬年起爲五姓之倡逆五姓者劉石慕容苻姚也【增註】明邱氏瓊山曰昔人有言晉之亡大率中原半爲夷居劉淵匈奴也而居晉陽石勒羯也而居上黨姚氏羌也而居扶風苻氏氐也而居臨渭慕容鮮卑也而居昌黎種類日繁其居處飲食皆日趨於華唯其桀悍貪暴樂禍喜亂之志則無時而可變也是以劉淵一創而并雍之胡乘時四起自長淮之北無復晉土而爲戰爭之場者幾二百年嗚呼後之人君爲國家遠慮者晉事可鑒已

胡漢劉淵聰曜尤烈【註】左賢王劉淵據離石稱漢王國號

趙傳子和弟聰弑而代立入寇陷洛陽弑懷帝傳子粲爲靳準所弑而自立曜據長安誅準自立陷長安弑愍帝後爲石勒所滅凡五主共二十六年起晉惠帝永興元年甲子終成帝咸和四年己丑　離石今山西汾州府永寧州【增註】淵匈奴冒頓後靳準爲大將軍錄尚書事因粲淫虐弑之劉氏無少長皆斬東市并發淵聰冢斬尸焚其宗廟自稱漢大王曜淵族子鎮長安靳準之亂自長安赴之至赤壁襲僞位改元光初以石勒爲大司馬封趙公攻準於平陽將軍喬泰殺準以降曜族誅靳氏建都長安晉惠帝繼后羊氏曜虜去亦以爲后曰我何如司馬家兒羊氏曰陛下開基聖主彼亡國暗夫何可並論彼有一子一婦及身三耳曾不能庇妻於爾時實不欲生謂世間男子皆然自奉巾櫛始知天下自有丈夫曜甚寵之頗與國事

氐漢李雄羯趙石勒【註】成李雄巴西氐人據成都稱王傳班期壽改稱漢傳勢爲晉桓温滅凡五主共四十四年起晉惠帝永興元年甲子終穆帝永和三年丁未　巴

西今四川保寧府　後趙石勒字世龍其先匈奴別部上黨武鄉羯人劉聰之臣據襄國滅前趙傳宏虎世尊鑒祗爲冉閔所滅凡七主共三十三年起晉元帝大興二年己卯終穆帝永和七年辛亥　上黨今山西潞安府襄國今直隸順德府【增註】勒以張賓爲謀主字孟孫中上人自比子房勒呼爲右侯而不名初勒遣右長史王修獻捷曜斬之勒大怒曰孤事劉氏職有加矣彼之基業皆孤所爲今既得志還欲相圖趙王趙帝孤自爲之何待于彼遂自稱趙王天竺僧佛圖澄善神咒腹旁有孔塞以絮夜則拔絮光照一室嘗出腸腑孔中就流水洗之言成敗有驗勒信之冉閔小字棘奴虎之養孫

鮮卑慕容以燕建國【註】慕容鮮卑凡四燕燕南燕西燕後燕俱以燕建國

前廆後垂西沖南德【註】燕慕容廆昌黎鮮卑人據遼東傳皝儁據鄴傳偉爲苻堅所滅凡四主共八十六年起晉

武帝太康六年乙巳終海西公太和五年庚午 昌黎在今熱河塔子溝界 後燕慕容垂皝之子苻堅之臣據中山復燕故壤傳寶盛熙爲馮跋所滅凡四主共二十四年起晉孝武帝太元九年甲申終安帝義熙三年丁未 中山今直隸省定州 西燕慕容垂之弟沖據長子傳忠永永廆弟運之孫爲垂所滅凡三主共十年起晉孝武帝太元十年乙酉終十九年甲午 長子今山西潞安府長子縣 南燕慕容垂之弟德更名備德據廣固傳超爲劉裕所滅凡二主共十二年起晉安帝隆安二年戊戌終義熙五年己酉 廣固今山東青州府城西 增註 長安陷廆遣長史王濟浮海勸元帝即位史特嘉之前燕所重者慕容恪也時儁方卒晉成帝思北伐桓溫以恪在未可圖後十年苻堅遣王猛伐燕長驅圍鄴號令嚴明燕士民相謂曰不圖

今日復見太原恪爲太原王也猛嘆曰慕容元恭可謂古之遺愛矣燕降後燕太史黄泓曰燕必中興其在吳王垂乎後十數年垂復爲後燕按垂年十三勇冠三軍避禍入秦請鎮北鄙權翼諫曰垂世家東夏其心豈止爲冠軍已哉辟如養鷹飢則附人每聞風飈起嘗有淩霄之志正宜謹其緤籠不可解縱堅不聽卒叛 裕克南燕欲盡坑之韓範曰燕衣冠舊族今王師弔伐而盡坑之恐西北人無復有來蘇之望

北燕高雲馮跋繼業 註 北燕高雲爲慕容熙之養子封夕陽公以熙送苻后葬將軍馮跋乘其出與將軍張興等作亂推雲爲主執熙斬之復姓高氏立二年爲幸臣離班桃仁所殺跋帳下督張泰李桑斬離班桃仁衆推跋爲主是爲北燕跋字文起信都人據和龍傳弟宏爲魏太武所滅凡二主共二十八年起晉安帝義熙五年己酉終宋文帝元嘉十三年丙子 信都今直隸省冀州和龍即龍城在今熱河塔子溝東北 增註 初童謡云一束藁兩頭燃

禿頭小子來滅燕燃去草頭高字也禿頭高雲父拔小名小子者雲爲拔季子也

氏秦苻洪羌秦姚弋【註】秦苻健本姓蒲略陽氏人其先有
扈氏苗裔健據長安傳生堅丕登崇爲姚興所滅凡六
主共四十五年起晉穆帝永和六年庚戌終孝武帝太
元十九年甲午　略陽今陝西漢中府屬縣　後秦姚
襄父弋仲南安赤亭羌人苻堅之臣自稱扶風公後降
晉萇卒子襄率衆來歸尋叛降燕後將圖關中秦擊殺
之弟萇以衆降秦起兵北地稱後秦據長安傳興泓爲
晉劉裕所滅凡三主共三十四年起晉孝武帝太元九
年甲申終安帝義熙十三年丁巳　南安今甘肅鞏昌
府隴西縣東北【附註】苻堅宴羣臣令極醉趙整作酒箴曰地列酒泉天垂酒池杜康妙識
儀狄先知紂喪殷師桀傾夏國由此言之前危後則堅悅令書爲酒戒　洪家池中蒲生五丈五節如竹形因

氏馬隴右大水諸曰大雨不止洪水必起因名蒲洪以讖文有草付應生其孫堅背有草付字遂改氏苻生幼無一目祖洪戲之曰瞎兒一淚信乎生朗引刀自刺出血曰此亦一淚洪大驚曰此兒狂悖宜除之及長力舉千鈞手格猛獸羣臣得保一日如度十年　弋仲語諸子曰我死汝便歸晉盡臣節其義有足稱焉　興迎鳩摩羅什爲國師羅什天竺人七歲出家日誦經三萬二千言由是奉佛者十室而九一日語興曰有二小兒登吾肩慾障須婦人興進宮人一交生二子又以妓女十人奉之諸僧欲效蓄室羅什聚針盈缽舉七食之曰能此乃可僧愧服
後疾卒長安

前涼張軌猶供王職【註】涼張軌字士彥安定人烏氏晉涼
州刺使據河西五郡封太尉涼州牧西平公卒子寔嗣
遺令務安百姓上思報國下以寧家後得璽實曰是非
人臣所得留歸之長安傳茂駿重華曜靈祚元靚天錫
爲苻堅所滅凡九主共七十六年起晉惠帝永寧元年
辛酉終孝武帝太元元年丙子　安定今甘肅平涼府

涇州河西漢之河西五郡也武威郡今甘肅涼州府鎮
番縣北張掖郡今甘州府張掖縣酒泉郡今肅州燉煌
郡今安西州燉煌縣金城郡今蘭州府金縣西北【增註】
茂疾戒子駿曰吾家世以孝友恭順稱晉室雖微奉之
不可失也吾官非王命苟以集事死當自袷入棺勿以
朝服斂後駿欲通表建康遣張淳假道于成蜀主李雄
曰貴主何不稱帝自娛對曰寡君祖考以來世篤忠貞
以讎未復枕戈待旦何自娛
之有雄懽甚淳卒致命于晉

西涼李暠北涼段業【增註】西涼李暠字長生隴西成紀人據
燉煌傳歆恂為沮渠蒙遜所滅凡三主共二十二年起
晉安帝隆安四年庚子終宋武帝永初二年辛酉 隴
西今蘭州鞏昌二府 北涼段業為建康太守隆安元
年自稱建康公沮渠蒙遜臨松盧水胡人推為涼州牧
立四年尋為所弒起晉安帝隆安元年丁酉終四年庚

子 建康今江寧府【增註】暠為李廣十六世孫數傳至
熙熙即唐高祖淵高祖也暠生
歆歆生重耳重耳生熙熙生天錫天錫生虎虎生昞昞
生淵歆襲蒙遜宋繇等諫母尹氏曰汝新造之邦地狹
民稀何暇伐人不聽遂大敗或勸保酒泉郡曰吾違老
母言致敗何面目耶再敗被殺 蒙遜之先為匈奴左
沮渠遂
以為氏

南涼禿髮後涼呂光【增註】南涼禿髮烏孤河西鮮卑人呂光
之臣據廣武傳利鹿孤傉檀為乞伏熾盤所滅凡三主
共十八年起晉安帝隆安元年丁酉終義熙十年甲寅
廣武今蘭州西 後涼呂光略陽氐人苻堅之臣據
姑臧傳紹纂隆為姚興所滅凡四主共十八年起晉孝
武帝太元十一年丙戌終安帝元興二年癸卯 姑臧
今甘肅涼州府【增註】初光呼紹字曰承業才非撥亂直
以立嫡有常汝兄弟和睦則祚遠
若自相圖則禍不旋踵 鮮卑稱婢為禿髮謂因婢所
生為氏又史曰其先壽闐在孕母相旅因寢而產于被

中鮮卑呼被爲禿髮故名　呂光爲文昌按文昌之說有二所爲天神天官書斗魁戴匡六星一上將二次將三貴相四司命五司中六司錄是爲文昌宮文昌之稱始此一說以爲人鬼在周爲張仲在漢爲張良在晉爲涼王呂光在五代爲蜀主孟昌在姚秦之世又爲越巂人張惡子立廟梓潼山唐明皇西狩追封左丞僖宗入蜀封順濟王宋咸平中改封英顯元延祐初加封輔元開化文昌司祿帝君帝君之稱始此

冉閔前魏沮渠北涼【註】冉閔殺石鑒自立稱前魏立四年尋爲慕容儁所滅起穆帝永和六年庚戌終八年壬子　北涼沮渠蒙遜盧胡水人據張掖傳牧健爲魏太武所滅凡二主共三十九年起晉安帝隆安五年辛丑終宋文帝元嘉十六年己卯【增註】閔弑鑒詭曰吾屬故晉人也請與諸君分剖州郡各稱牧守奉迎天子還都洛陽何如胡牧曰陛下聖德應天宜登大位晉室衰微遠竄江表豈能總收英雄混一四海乎閔曰胡尚書可謂識機知命矣乃自稱帝

西秦乞伏赫連夏王【註】西秦乞伏國仁隴西鮮卑人苻堅之臣據抱罕傳乾歸熾盤慕才爲赫連定所滅凡四主共四十九年起晉孝武帝太元八年癸未終宋文帝元嘉八年辛未　抱罕今甘肅蘭州府河州隴西今甘肅蘭州鞏昌二府　夏赫連勃勃字屈子匈奴右賢王去卑之後劉淵族也本姓劉匈奴人據朔方傳昌定爲魏太武所滅凡三主共二十五年起晉安帝義熙三年丁未終宋文帝元嘉八年辛未　朔方今陝西綏德州清澗縣【增註】乾歸以焦遺爲太子太師謂子熾盤曰焦生非特名儒王佐才也爾事之如事吾熾盤即拜遺于牀下　勃勃大敗涼積尸封之號髑髏臺築城朔方蒸土築之錐入一寸殺築者故堅無比以爲都城曰朕方統一天下君臨萬衆因名曰統萬凡造兵器射甲不入斬弓人入則斬甲匠羣臣視者鑿其目笑者抉其脣諫者截其舌

拓拔封代珪興魏邦【註】晉懷帝永嘉四年并州刺史劉琨

表猗盧爲代公愍帝時進爵爲王姓拓䟦氏鮮卑人世
居北荒猗盧八傳至珪孝武帝太元十一年復立爲魏
王後稱帝國號魏　并州今山西太原府 增註 按劉裕伐姚泓
魏主嗣問崔浩曰克平日克但裕克秦而歸必篡關中
華夷雜處風俗勁悍裕欲以荆揚之化施之此無異解
衣抱火張羅捕虎雖留兵守之人情不洽趨向不同適
爲敵資耳嗣曰卿料事審矣後裕克秦父老詣軍門流
涕曰長安十陵公家墳墓咸陽宮殿公家故宅殘軀不
沾王化百年矣今始睹衣冠曷留焉裕乃以十二歲幼
兒義真付沈田子王鎮惡留鎮致自相攻殺而夏王勃
勃聞裕歸即據有咸陽是去一狼進一虎寄奴無故宮
禾黍之感豐鎬千里
仍輸敵手良可慨也
史分南北後先陸梁 註 史分宋齊梁陳爲南魏齊周爲北
其興廢前後畧見於此
爲國三十五姓以亡 註 五姓自晉惠帝永寧元年李特等
各據土稱尊自後五姓擾亂迭興迭滅至宋文帝元嘉

十六年魏太武帝滅北涼沮渠氏前後一百三十六年
十六國始絕稱尊號者六十五人西燕三主及後燕高
雲北梁段業不在數內
東晉　凡十一主共一百三年起丁丑止己未
元帝姓牛爰繼馬跡 註 帝名睿懿曾孫懿生瑯琊武王伷
伷生恭王覲覲生帝襲封瑯琊王相傳小吏牛金通其
母夏侯妃所生冒姓司馬氏渡江即位 增註 建元曰建武大興永
昌永嘉元年帝與西陽汝南彭城南頓諸王渡江時
有五馬渡江一化龍之謠帝果應之宋書符瑞志曰
先帝寵將牛金屢有功帝作兩口榼一口盛毒酒一盛
善酒自飲以毒酒與金飲即斃景帝曰金名將可大用
何害之宣帝曰汝忘石瑞馬後有牛乎元帝母夏侯妃
與瑯琊國小吏牛姓通而生帝帝謙以接士儉以足用
江東歸心焉初頗以酒廢事王
導諫帝引觴覆之于是遂絕
王導輔之偏安建業 註 大將軍王導爲輔使王業偏安于

建業　建業今江南江寧府【增註】騎都尉桓彝謂國人
避亂過江見帝微弱
憂之及見導退謂軍諮祭酒汝南周顗曰向見管夷吾
吾無憂矣　宴新亭周顗歎曰風景不殊舉目有山河
之異因共流涕導正色曰共當戮力王室何至作楚囚
泣耶衆收淚謝之　導字茂和瑯琊臨沂人　元帝渡
江歷數帝無傳國璽北人皆曰司馬家白版天子按廣
義云劉曜入洛陽取傳國璽以去傳石勒及冉閔閔敗
存于大將軍蔣幹所謝尚得之于幹以穆帝永和八年
還建康其後屢傳至後唐從珂攜之登玄武樓自焚死
璽遂
亡

祖逖先鞭陶侃運甓【註】豫州刺史祖逖少與太尉劉琨同
寢有大志琨謂人曰常恐祖生先我着鞭　廣州刺史
陶侃在署輒朝運百甓于齋外暮運于齋內人問其故
答曰吾方致力中原過爾優逸恐不堪事故自勞耳【增
註】逖爲豫州刺史渡江中流擊楫而誓曰祖逖不能清
中原而復濟者有如大江石勒畏之邊境安輯竟死
于豫不得遂其志　逖字士雅范陽人少與魏昌劉琨
同寢中夜聞雞鳴蹴鵾起曰此非惡聲也因起舞嘗語

人曰大禹惜寸陰吾輩當
惜分陰豈可逸遊荒醉

偏任劉刁王敦犯闕【註】都督劉隗尚書令刁協帝引爲腹
心　帝以荊州刺史王敦恃功驕恣因時人有王與馬
共天下之謠與劉刁稍抑損王氏權導亦漸見疏外敦
懷不平遂舉兵反上疏罪隗協進軍犯闕帝憂憤成疾
崩在位六年太子紹立是爲明帝【增註】敦導之族兄久
蓄不臣之志畏
祖逖不敢發及逖死遂反導詭曰賊臣逆子何代無之
不意今日近出臣族初敦問導曰周顗戴淵南北之望
當登三司導不答又曰止應僕射耶又不答曰若不爾
正當誅爾又不答遂殺之後導檢中書政事見顗救已
之表乃流涕曰吾雖未殺伯仁伯仁實由我而死借刀
殺頁敦之反導陰成之雖有蓋世之烈難免趙盾郭解
之誅矣　晉書列女傳周顗母李氏冬至置酒舉觴賜
三子曰吾本渡江託足無所不若爾等並貴列吾前吾
復何憂嵩起曰恐不如尊旨伯仁志大而才短名重而
識闇好乘人之弊此非自全之道嵩性抗直亦不容于
世唯阿奴碌碌當在阿母目下
耳阿奴謨小字也後果如其言

明帝誅敦成帝嗣業【註】敦謀篡逆帝手詔徵之後復叛帝親征破其軍誅之帝明敏有機斷故能以弱致强誅剪逆臣在位三年崩太子衍立是爲成帝【增註】明帝建元太寧成帝建元咸和咸康帝幼聰敏元帝與之言有日近長安近之對

峻約入犯卞桓死節【註】歷陽內史蘇峻有威望嘗有輕朝廷之心帝舅庾亮疑之徵爲大司農峻與豫州刺史祖約同反尚書令成陽公卞壼督軍討之戰敗死峻兵陷宣城內史桓彝亦死之【增註】亮徵峻不受命曰吾寧山頭望廷尉不能廷尉望山頭遂反庾亮殺南頓王宗上時年六歲問亮曰白頭公何在對以謀反誅上泣曰舅言人作賊便殺之人言舅作賊當如何後以司空居外鎮遙攬朝柄每西風塵起王導舉扇遮面曰元規塵污人壼倉猝拒戰敗死二子眕盱亦赴敵死其母撫尸哭曰父爲忠臣子爲孝子夫何恨乎

嶠侃鑒舒匡定王室【註】江州都督溫嶠荊湘都督陶侃以峻遷帝于石頭討峻斬之徐州刺史郗鑒會稽內史王舒皆來赴難王室以寧帝在位十七年崩母弟琅琊王岳立是爲康帝【增註】建元曰建元王導以三公而屈節于峻峻誅導入石頭令取故節侃笑曰蘇武節恐不如是導甚慚勁松腐草歲寒始見其生平相業可知矣嶠字太眞討蘇峻灑淚登舟而進約侃同赴國難侃以下與顧命爲詞殊非君子但喜其即時感悟晝夕兼程追將功補過太眞氣量似高士一等故綱目書溫嶠以陶侃入討賊原其情也然此舉侃功實高故後斬賊仍先書侃所以序其績也初劉琨謂嶠曰吾當立功河朔使卿延譽江南母崔止之嶠絕裾而行後至牛渚磯人言下多怪嶠燃犀角照之夜夢神責曰與君幽明相隔何相照也

康詔經畧穆用桓溫【註】詔議經畧中原梁州刺史桓宣都督庾翼各一出都督桓溫三出揚州刺史殷浩都統荀羨太山太守諸葛攸各一出監司謝方都督郗曇各一出在位二年崩太子聃立是爲穆帝　以琅琊內史桓

温都督荊梁等州軍事【增註】穆帝建元永和升平 翼于成帝時薦温有英才宜任以方面維時褚裒杜乂殷浩才名冠世翼俱不重曰此輩宜束之高閣温以郄超爲參軍王恂爲主簿每事必與商之官中語曰髯參軍短主簿能令公喜能令公怒恂與謝尚皆爲温掾温曰謝掾年四十必擁旄仗節王掾當作黑頭公皆未易才也

首滅李漢次攻苻秦【註】温有雄畧使帥師伐漢李勢滅之自後威勢轉盛朝廷加温征討大都督督諸軍 伐後秦姚襄襄敗奔北山據黃落爲秦所斬弟萇降于秦

既廢殷浩遂專朝廷【註】揚豫都督殷浩弱冠有美名時擬之管葛及督軍北伐師徒屢敗桓温因朝野之怨上疏廢之浩廢內外大權歸温帝在位十七年崩成帝子丕立是爲哀帝【增註】浩既廢嘗書空作咄咄怪事四字温將以浩爲尚書令浩喜答書慮有謬誤開閉者十數竟達空函温怒與絕後卒於信安徙所 建元隆和興寧 哀帝好黃老斷穀餌長生藥中毒崩

哀奕簡文廢立由温【註】哀帝在位三年崩弟奕立建元太和桓温陰蓄不臣之志及伐燕大敗而還威名頓挫乃廢帝爲海西公一云東海王迎立元帝少子會稽王昱是爲簡文帝建元咸安在位二年崩太子昌明立生十年矣是爲孝武帝【增註】温欲遷都洛陽著作郎孫綽云不可温曰孫興公何不尋遂初賦而與人家國事耶綽少慕高尚作賦見志故温云然後王述謂此乃虛聲威朝廷非實事乃止 温既廢立苻堅聞之曰温前敗壩上後敗枋頭不能思愆自貶以謝百姓更廢立以自侈諺云怒其室而作色于父温之謂矣温嘗撫枕曰男子不能留芳百世亦當遺臭萬年其舉動不其遺臭乎

孝武嗣位謝王協心【註】大司馬温來朝詔吏部尚書謝安侍中王坦之迎于新亭坦之流汗沾衣倒執手板都下人情洶洶云欲除王謝用移晉祚温大陳兵衛延見朝

士安從容就席說之溫遂撤兵衛還姑孰【增註】建元寧康太元
安說溫曰安聞諸侯有道守在四鄰明公何須壁後置人溫笑曰正自不得不爾笑語移時郄超臥帳中風動帳開安笑曰郄公可謂入幕之賓

元石淝水大破秦兵【註】秦苻堅入寇詔冠軍將軍謝元征討都督謝石禦之大破秦兵于淝水苻堅遁去　淝水在安豐廬州府南七十五里水出雞鳴山北流二十里

【增註】謝元謝尙以八萬兵破秦八十餘萬之衆風聲鶴唳草木皆兵初苻堅以王猛爲相國用富强堅曰吾得王景畧如昭烈之得孔明也猛臨終戒堅曰江左偏安雖限一隅之地君臣相得正朔相承不可輕覦及是堅敗歸大慟曰吾悔不用景畧言以致挫衂元尙提書至安方與客奕置書几上了無喜色客問之徐曰小兒輩遂已破賊既罷還內過戶限不覺屐齒之折

後任道子弑於貴人【註】帝信任簡文帝少子瑯琊王道子領揚州刺史錄尚書都督中外諸軍事道子專政權奸

搆釁不親機務爲長夜飲張貴人寵冠後宮年近三十帝戲之曰汝以年亦當廢矣已而醉寢清暑殿貴人以被蒙帝面而弑之帝在位二十四年太子德宗立是爲安帝爲桓玄所廢劉裕復之【增註】建元曰隆安元興義熙　帝口不能言不知寒暑飢飽

桓玄篡安復於劉裕【註】都督荆江八州刺史桓玄專有荆楚自謂有晉國三分之二數使人上已符瑞欲以感衆元顯道子之子討之兵潰被殺玄自稱楚帝廢帝爲平固王遷于尋陽彭城劉裕與徐州刺史劉毅靑州刺史何無忌等起兵誅桓玄安帝得復位【增註】玄即桓溫之子玄登御座而牀忽陷殷仲文進曰將由聖德高深地不能載初玄爲義興大守歎曰父爲九州伯兒爲五湖長鬱鬱不得志其妻劉氏曰劉裕龍行虎步瞻視不凡終不爲人下宜除之後聞裕舉事玄驚曰裕一世之雄劉毅家無擔石儲摴

蒱一擲百萬何無忌酷似其舅劉牢之三人共事可畏也玄果敗于覆舟山欲八路猶自作起居注敘討裕經略無遺策諸將違制度致敗耳

裕復弑安恭迺墜緒【註】以劉裕爲都督十六州封宋公太尉尋弑帝于東堂裕立瑯琊王德文是爲恭帝建元元熙二年裕復廢爲零陵王而自篡

百四十年晉命始去【註】共一百四十年晉亡

宋 南宋凡八主共五十九年起武帝永初元年庚申終順帝昇明二年戊午【增註】漢高帝弟楚元王之後仕晉封宋公因以爲號水德王建都建康南朝自晉傳宋宋傳齊齊傳梁梁傳陳北朝自諸國并於魏後魏分爲東魏西魏東魏傳北齊西魏傳後周後周并北齊而傳之隋隋滅陳然後南北混一

宋高嚴正孝母著稱【註】高祖武帝姓劉名裕字德輿小字寄奴彭城人篡晉稱帝卽位春秋已高每旦入朝不失

時刻素不信奇怪嚴正有度是爲南宋高祖帝事母素謹【增註】建元永初 帝嘗伐荻新州見大蛇射之明日復至州聞有杵臼聲覘之見數青衣於榛中搗藥問其故曰吾主爲劉寄奴所射搗藥傳之耳帝叱之忽不見

東破廣固南梟盧循【註】東破南燕慕容超于臨朐拔廣固執超送京師斬之廣州刺史盧循冦陷長沙等郡逼建康帝追之爲刺史杜慧度所殺【增註】時徵陶潛爲著作郎不就與妻翟氏同耕著書止載甲子作桃花源記寓意元熹四年十一月卒 詔除淫祠唯留蔣子文祠子文廣陵人漢末爲秣陵尉逐賊傷額死吳時現形于故吏曰我已爲此地土地以福民吳主爲立廟封中都侯

西擒譙縱北平姚秦【註】益州參軍譙縱殺刺史毛據稱成都王秦封爲蜀王縱會秦入寇使荊州刺史劉道規擊破之尋使益州刺史朱石齡帥師伐蜀譙縱走死 帝入潼關後秦姚泓降送建康斬之【增註】八年遣朱虛子石齡伐蜀曰往

年劉敬宣出黃虎無功而還今以大兵自外水取成都疑兵出內水封函授之曰至白帝乃發如書進兵縱果以重兵守涪城不知齡石軍已由外水至成都矣縱乃出辭墓其女曰走必不免祗取辱焉死先人墓可也與後秦姚泓子十一歲佛念勸父勿降同一慷慨佛念幸存歲與名而縱女不傳惜哉

庚申篡晉節儉力行【註】庚申年廢晉恭帝爲零陵王篡即帝位　帝性儉素公主出適遣送無錦鏽之物內外莫敢侈靡【[illegible]註】裕生擒數天子以取江左尙威力任機數更於甘心讓位之君必欲死之兵刃所及無非慘刻弒逆之行爲南朝首倡綱目書宋主劉裕弒零陵王于秣陵滅國之主書弒自劉裕始誠重其罪耳

營陽廢弒徐傅立文【註】在位三年殂太子義符立居喪無禮一年（建元景平）司空徐羨之中書令傅亮等廢爲營陽王尋弒之迎立武帝第三子宜都王義隆是爲文帝（建元元嘉）

首誅弒逆旋致洽平【註】文帝聞少帝薨廢本末及殺廬陵王義眞悲哭嗚咽乃召天門太守檀道濟下詔暴羨之

等廢二王之罪誅之　帝仁孝恭儉勤于爲政三十年間四境晏安江左風俗于斯爲美【增註】以沙門慧琳善談論與議朝政嘗着高屐被貂裘置通呈書佐會稽孔顗有黑衣宰相冠屐失所之譏

奈殺道濟橫挑胡兵【註】司空檀道濟立功前朝威名甚重朝廷疑畏之宋主疾久不愈彭城王司徒義康執道濟殺之道濟見收憤怒曰乃壞汝萬里長城魏人聞之喜曰道濟死吳子輩不足復憚及魏兵至宋主歎曰道濟若在豈容兵馬至此【補註】帝壞一長城而使白面書生與好殺之王元謨行兵致封狼居胥之言挫而不振不思耕當問奴織當問婢策蹇驢以搏猛虎鮮不敗者按沈慶之謂江湛徐湛之皆白面書生與謀軍國何濟于事

身死逆劭燕巢春林【註】太子劭及始興王濬多過失宋主數詰責之劭濬因共爲巫蠱事覺將廢劭誅濬以其事

重久不挾劭知之遂弑父自立　魏師幾破南兗等六
州殺掠不可勝計所過郡縣赤地無餘春燕歸巢于林
木【增註】劭使張超之等馳入齋閤拔刃上殿帝方與徐湛之屏人語達旦燭猶未滅見超之等入舉几捍之五指皆落與湛之同遇害

孝武誅劭驕侈邪淫【註】武陵王駿討誅劭濬即位駿文帝
三子是爲孝武帝建元曰孝建大明　自晉氏渡江以來宮室草
創宋主大脩宮室壞高祖所居陰室闢門無禮不擇親
疏尊卑在位十一年殂太子子業立【增註】建元曰永光景和　沈慶之與武陵王起兵討劭及濬投之濁流　高祖陰室中牀頭土帳壁上挂葛燈籠麻繩拂侍中袁顗稱高祖儉德上曰田舍翁得此已爲過矣

業死狂暴明喪冀青【註】殺義恭子鸞戲列祖辱諸父山陰
公主同輦新蔡妹入宮又使宮人裸相逐所爲狂暴踰

年爲壽寂之等所弑立湘東王彧是爲明帝建元泰始泰豫
沈文秀守青州魏人圍之三年並無救援文秀抗節不
屈于是青冀之地盡入于魏【增註】明帝多畏忌如騧字近禍改爲騧又梵稱自門輒變色曰白爾家門造湘宮寺曰此大功德虞愿曰此百姓賣兒貼婦錢所爲也　業姊山陰公主怨止配駙馬一人爲姊置面首左右各十五郎以遂其欲王太后將崩名之業曰病人間多鬼那可往太后怒曰取刀來剖吾腹那得生寧馨兒業指高祖像曰渠大英雄生擒數天子太祖像曰渠亦不惡但不免兒砍去頭世祖像曰渠大齇鼻何不齇令畫工齇之又欲掘孝陵謂不利于陛下乃止或宮中大宴令裸婦人觀之王后以扇障面曰爲樂之事儘多豈有姑姊妹而以此爲笑乎彧怒曰外舍寒乞遣之起

盡勦同氣字昱螟蛉【註】殺諸弟休祐休若等十六人子房
等十八人皆賜死世祖二十八子于此盡矣　嘗以宮人
陳氏賜嬖人李道兒已復收還生昱在位七年殂昱立
建元元徽昱與左右臺岡賭跳晚至新安寺偷狗飮酒醉還

爲左右楊玉夫等所弑迎立明帝子安成王準是爲順帝【增註】建元昇明　昱一日不殺人即慘慘不樂每微行稱李將軍逢婚葬即與挽車與羣小飲戲遭慢侮悅受之殿中養驢數十頭御馬養之牀前直入蕭道成家值道成袒臥令畫腹爲的射之道成曰老臣無罪乃更以骲箭中其臍投弓大笑而去

順爲齊篡袁沈殉君【註】司空蕭道成有不臣之心中書監袁粲謀誅道成不克死荊襄都督沈攸之舉兵討蕭道成軍潰走死【增註】準出宮時曰欲見殺乎敬則曰出居別宮耳當年司馬家亦是如此準泣曰願後世勿再生帝王家　粲與褚淵謀淵背粲告道成殺粲粲子最以身衛父粲曰吾不失忠臣汝不失孝子遂俱死百姓謠曰可憐石頭城寧爲袁粲死不作褚淵生攸之曰寧爲王陵死不爲賈充生皆劉宋功臣也

五十九載亡於道成【註】南宋共五十九年爲蕭道成所篡廢宋主爲汝陰王徙之丹陽尋弑之夷其族宋亡

南齊凡七主共二十三年起高帝建元元年己未終和帝中興元年辛巳　初封齊公因以爲號本德王都建康

南齊蕭氏酇侯耳孫【註】高帝姓蕭名道成字紹伯小字鬭兵南蘭陵人漢丞相何之後【增註】上賜宴使諸臣各獻伎能王儉曰臣無所解誦書因誦相如封禪書上笑曰此盛德事吾何以堪　上與王僧虔賭書曰誰第一虔曰臣書第一陛下亦第一上笑曰可謂善自爲謀虔又曰臣正書第一草書第二陛下草書第二正書第三臣無第三陛下無第一　上問劉𤩽以政對曰政在孝經上曰儒者之言可寶萬世　帝姿表英異龍顙鍾聲鱗文徧體眉有赤悲如日月狀民間或言其有異相宋明帝雖疑之而不能殺也

高帝清儉武帝守成【註】帝即位後身不御精巧之物每曰使我臨天下十年當使黃金與土同價在位四年殂太子賾立是爲武帝帝留心政事務總大體嚴明有斷故永明之世百姓安樂屢遣使通好於魏在位十一年殂【增註】高帝建元建元　武帝建元永明　武帝子響以罪誅一日遊華林園見一猿悲鳴左右曰猿子前

日墜崖死上思子響嗚咽流涕武陵王曄多才藝無寵侍宴伏地貂抄肉拌上曰肉汚貂對曰陛下愛羽毛而疏骨肉

鬱與海陵咸弒于明【註】立武帝孫文惠太子子昭業建元隆昌與左右游戲亦甚作諸鄙戲西昌侯鸞數諫不聽心忌鸞欲除之尋爲鸞所弒追廢爲鬱林王而立新安王昭文建元延興鸞自爲宣城王未幾復廢昭文爲海陵王而弒之鸞自立是爲明帝建元建武永泰【增註】鸞太祖兄道生之子少孤太祖恩撫過諸子後竟殺太祖子孫無遺先以赤痣示洪範曰人言此是日月相幸勿泄範曰公日月在身如何可隱當傳言於人問明帝元日上壽有銀器酒杯命壞之蕭穎胄曰此舊物不足爲侈後私宴銀器滿前胄曰陛下前欲壞酒鎗不知何人移至此上甚慙

東昏荒亂和起江陵【註】明帝誅戮亟行殄滅十王在位五年殂太子寶卷立建元永元荒淫無道恣行殺戮殺尚書令

蕭懿其弟雍州刺史衍起兵奉明帝八子南康王寶融爲主稱帝於江陵是爲和帝建元中興攻建康破斬之以太后令追廢爲東昏侯　蕭衍自爲梁王尋稱帝廢和帝爲巴陵王【增註】寶卷惡靈在太極殿欲速葬尚書令徐孝嗣固爭得踰月每當哭輒云喉痛大中大夫羊闡入臨俯仰幘脫寶卷輟哭大笑謂左右曰禿鶖啼來乎鶖禿鶖也闡無髮故云鑿金葉爲蓮花貼地令潘妃行其上曰步步生蓮花也先是鸞篡立北魏主臨江問曰齊何故廢立崔慶遠曰廢昏立明日何不立親近日霍光舍親近而立賢日光何以不自立日非其類也主上正可比宣帝耳安可比光且武王伐紂不立微子亦豈爲貪天下乎魏主笑而還嘗與齊使論日江南多好臣魏侍郎李元凱日江南多好臣歲易一主江北無好臣百歲易一主魏主慙

逼於蕭衍見遠舍生【註】衍使人以生金進王王曰不須金醇醪足矣乃飲沈醉使人就摺殺之御史中丞顏見遠死之齊亡【增註】沈約勸衍曰齊祚已終明公當乘其運范雲亦以爲然瑯琊顏見遠不食死衍

曰我自應天順人何預天下士大夫而見遠乃至此
初賜蕭懿藥酒懿飲之曰家弟遂在雍深爲朝廷憂之
沈約因勸進爲尚書僕射封建昌侯既而忽頓戶下夢和帝割其舌恐使道士奏赤章於天云禪代事不由己衍聞之怒責約懼而卒年七十三謚隱

遡自己未二秩三齡【註】起高帝建元元年己未終和帝中興元年辛巳共二十三年凡七主爲蕭衍所簒

南梁凡四主共五十五年起武帝天監元年壬午終敬帝紹泰二年丙子

蕭梁武帝慈惠爲心【註】帝姓蕭名衍字叔達小字練兒與齊同四世祖帝處心慈惠法綱寬和【增註】初封梁公因以爲號火德王都建康　建元曰天監普通大通中大通大同中大同太清　帝母張氏見菖蒲生花呑之已而生衍舌文八字有文在手曰武嘗三更起視事冬月執筆手爲皴裂日旰腰十圍今裁二尺

廟祀孔聖受學雲門【註】天監四年初立孔子廟祀之帝雅好儒術置五經博士立州郡學又選學生往雲門山

從何允受學

謗木肺石曲赦吉翂【註】詔公車府謗木肺石各置一函若肉食莫言欲有橫議投謗木函若有功勞才器寃沈莫達者投肺石函　馮翊吉翂父爲原鄉令爲奸吏所誣詣廷尉當死翂年甫十五撾登聞鼓乞代父命上乃赦其父

徐周並相曹韋同軍【註】以徐勉周捨爲左右輔相　將軍曹景宗韋叡等同將兵以定國【增註】勉字修仁剡人案積塵封手不停筆應對如流嘗夜集有客求官勉正色曰今夕止談風月與范雲同稱賢相　叡字懷文杜陵人丁亥大敗魏魏人歌曰不畏蕭娘與呂姥但畏合肥有韋虎

奈築淮堰漂沒生靈【註】魏降人王足陳計求堰淮水以灌壽陽梁主發徐揚民築之役人及戰士合二十萬南起

浮山北抵巉石依岸築土合脊于中流堰潰復築比成
復壞緣淮城村落十餘萬口皆漂入海

捨身同泰餓死臺城侯景稱帝再殺簡文【註】帝敬佛法至
宗廟之祭廢牲牢用蔬果捨身同泰寺羣臣以錢億萬
贖還者三修長干寺阿育王塔起十二層浮屠河南
王侯景詐爲鄴中書求以貞陽侯淵明易己位東魏臣姓蕭使
于梁梁主將許之舍人傳岐諫不聽因復景書曰貞陽旦
至侯景夕返景謂左右曰我固知吳老薄心腸遂反圍
臺城陷之梁主爲其所制飲食亦裁節憂憤成疾歎曰
自我得之自我失之亦復何恨口苦索蜜不得再曰荷
荷遂殂太子綱立是爲簡文帝建元大寶在位二年爲侯景
所弒使王佛進土囊壓殺之立豫章王棟侯景篡立自

稱漢帝【增註】景乃魏懷朔鎮人初爲爾朱榮將降高歡右足短弓馬非所長唯任智取勝嘗言于
歡曰願得三萬人橫行天下濟江縛蕭老公爲太平寺
主後與歡有隙降梁都陽王欲殺之錢塘朱異曰王不
許朝廷有一客耶簡文立進相國尋稱宇宙大將軍都
督六合諸軍事簡文驚曰將軍乃有宇宙之號乎二年
被弒吳興太守張嵊不降曰吾忝任專城速死爲幸景
欲存其子嵊曰吾一門已在鬼錄不就爾虜求恩乃盡
殺之梁昭明太子名統五歲徧誦五經
性至孝早卒簡文其弟也亦雅善詞藻

元滅于魏敬禪于陳【註】湘東王繹遣王僧辨陳霸先討誅
之而自立是謂元帝建元承聖魏柱國丁謹帥師來伐繹出
降在位三年爲其所殺征虜將軍陳霸先乃與司徒王
僧辨爭立殺僧辨立方智是爲敬帝建元紹泰太平元帝第九
子霸先自爲陳公進爵爲王尋稱帝卽陳高祖廢方智
爲江陰王在位二年【增註】景敗走吳爲其下羊鵾殺于舟中鵾羊侃之子嘗困守臺
城者魏兵且至梁主方講老子戎服談元百官亦戎
服聽講終不免解甲稽顙歎曰讀書萬卷猶有今日取

古今圖書悉焚之初著作郎聞喜郭璞精五行卜筮嘗有江東分王三百年復與中國合韋鼎盡售田宅或問之曰江東王氣盡矣自吳至陳末六朝止三百餘年

追自壬午五十五春【註】武帝四十八年簡文二年元帝三年敬帝二年自天監元年壬午至紹泰丙子共五十五年梁亡

後梁蕭詧依魏以存【註】後梁詧武帝孫昭明太子三子封曲阿公晉岳陽王雍州刺史尋爲梁王稱帝江陵依魏稱臣爲西魏附庸是爲中宗宣帝在位八年殂建元大定太子巋立是爲明帝建元天保【增註】詧不好聲色惡見婦人雖相去數步亦云遙聞其臭惡見人髮自事者必多方避之肩輿者冬月必須裹頭夏月加蓮葉幅時童謠云可憐巴馬子一日行千里不見馬上郎但見黃塵起黃塵汚人衣皂莢難料理詧俛首虜廷奉魏正朔言之誠於邑也助魏滅宗罪彌天壞何得又稱後梁故綱目大書曰徙主詧使稱帝誰使之魏使之也旣爲魏使復附周隋又安能僭竊爲中華之主哉姑存

之以備考云

歸琮二主滅于隋文【註】明帝在位二十四年殂太子琮立是爲後帝建元廣運在位二年爲隋文帝所廢拜莒國公後梁凡三主共三十三年起梁敬帝紹泰元年乙亥終陳後主貞明元年丁未

南陳凡五主共三十二年起武帝永定元年丁丑終後主貞明二年戊申

霸先陳祖討景興兵【註】高祖姓陳名霸先字國興小字法生吳興長城人漢太邱長寔之後以侯景陷臺城弒簡文自立興兵討誅之以功封陳公進爵爲王是爲南陳太祖建元永定以土德王都建康【增註】帝自少倜儻不事生業明孤虛遁甲之術嘗游義興館于許氏夢天開數丈有朱衣四人出捧日納帝口吞之覺而腹內猶熱及討侯景景望之曰此軍上有紫氣未幾破景史稱帝臨戎制敵英謀獨運政崇寬簡儉朴是敦私宴用瓦器蚌盤肴核數事常宴不過數品寶可針萬

世奢侈之病

丁丑稱禪莊嚴捨身【註】丁丑廢梁敬帝爲江陰王自稱皇帝都建康二年捨身于大莊嚴寺在位三年殂子昌以江陵之陷歿于長安羣臣奉帝兄道譚長子臨川王蒨即位是爲世祖文帝建元天嘉天康

世祖勤政警夜籤聲臨海見廢宣及長城【註】文帝起自艱難知民疾苦敕傳更籤于殿中階石上投之有聲曰我雖眠亦令警覺在位七年殂太子伯宗立建元光大是爲臨海王安成王頊專政以太后令廢爲臨海王而自立是爲宣帝建元太建在位十四年殂太子叔寶立是爲後主建元日至德禎明後主在位七年爲隋文帝所滅封爲長樂公【增】

【註】文帝疑太子懦弱欲讓位于安成王頊孔奐曰太子聖德日躋安成王足爲周公且臣不敢奉詔宣帝節儉嘗焚文錦于雲龍門二年歐陽紇約陽春太守馮僕反僕告其母洗夫人夫人曰我忠貞兩世昔梁大寶元年高州刺史李遷仕反我將千人從爾父馮寶破之今不能惜汝而負國遂發兵擒紇僕以母功封信都侯洗氏封石龍太夫人如刺史儀

陳祚三二眢井被擒【註】起丁丑終戊申共三十有二年隋兵入朱雀門後主投于井隋兵以繩引出之驚其太重乃與張貴妃孔貴嬪同束而上魯廣達猶督餘兵苦戰力屈就擒陳亡【增】井即景陽殿井一名胭脂井後人名爲辱井後主寵妃張麗華日與僕射江總尚書孔範散騎王瑳等侍宴後庭謂之狎客作玉樹後庭花之曲美貴嬪顏色百官裏事坐麗華於膝共決之丁未十一月臨平湖草久塞忽開如哭孫皓時叔寶惡之乃賣身佛寺爲奴以厭之

附北魏凡十七主共一百五十八年起晉安帝隆安二年戊戌終陳武帝永定元年丁丑

在晉中葉中原陸沈元魏道武兼冀并幽【註】元魏道武帝姓拓跋名珪黃帝之後北俗謂土曰拓謂后曰跋故以

爲氏後改爲元珪祖什翼犍稱代王爲秦廢至珪復立爲代王于晉孝武太元十一年丙戌卽代王位安帝隆安二年戊戌定國號曰魏遷都平城稱帝是爲太祖道武帝時在兩晉之中中華五姓正在雲擾紛亂珪立承其僭亂初平冀州次幽州并州【增註】以水德王建元登國皇始天興天賜
魏先詰汾田見美婦與寢旦別去曰明年會此去如風雨及期女授以男曰此君子也子孫世爲帝王名力微時人謗曰詰汾無婦家力微無舅家帝見賀太后之妹美殺其夫而納之生淸河王紹凶很無賴帝懸之井中垂死乃出之又譴責賀夫人賀密告紹曰何以救我紹乃夜踰垣弒帝齊王嗣聞變率將軍安同等執紹及賀氏皆臠食之

朝野束髮博士談經【註】命朝野皆束髮加帽　分尙書諸曹置五經博士上問博士李光曰天下何物可以益人神智對曰莫若書籍遂命郡縣大索悉送平城在位二

十二年爲賀夫人子淸河王紹所弒

明元太武信任賢能【註】長子齊王嗣卽位討誅紹是爲明元帝立子燾爲太子是爲太武帝俱能任官賢才【增註】太武信道士寇謙之之法盡誅天下沙門自後五代秣陵陶宏景唐方士趙歸眞等推演之教遂大行與儒釋爲三教　太武聰察權斷威靈傑立冦宋滅梁武功大振要皆稽籌崔高故三十年間之政不滅宋之元嘉
明元帝建元永興神瑞泰常　太武帝建元始光神䴥延和太延太平眞君正平

智若崔浩謀若道生【註】光祿大夫崔浩好學博覽經史研精義理上嘗謂浩曰卿才智淵博著忠三世　長孫道生忠孚廉謹身爲三司衣不華飾　稱其廉約似晏嬰
【增註】浩潔白如美婦人嘗自謂才比張良而稽古過之浩後以直筆作國史刊石怨者譖其暴揚國惡魏王怒而誅之初帝與浩等論邊世將相如王猛之治國苻堅之管仲也慕容恪之輔幼主慕容暐之霍光也劉裕之平禍亂司馬德宗之曹操也成敗得失瞭如指掌君臣如此魏安得不興

古弼直諫高允忠誠【註】尙書令古弼忠謹公直嘗欲陳奏遇上與給事中劉樹碁弼坐久不獲申奏乃起于帝前捽樹頭掣下牀以手搏其耳拳毆其背曰朝廷不理實爾之罪帝失容放碁曰不聽奏事過在朕樹何罪置之帝奇弼忠直皆可其奏　中書侍郎高允嘗授太子經及國史事發太子謂允曰吾自導卿至尊有問但依吾語太子入言允小心愼密制由崔浩請赦其死帝問允國史皆浩所爲乎對曰浩總裁而已至於著述臣多於浩上怒曰允罪甚于浩何以得生太子懼曰天威嚴重小臣迷亂失次耳臣向問云皆浩所爲帝問信如東宮所言乎對曰臣罪當族滅殿下哀臣欲丐其生耳帝曰直哉允也赦之【增註】允勃海蓨人文成時封咸陽公歷仕五帝出入三省五十餘年未嘗

有過年九十八卒謚曰文　初魏主敢詔以肥馬給獵騎弼悉以弱馬給之曰吾爲人臣不使人主盤于遊田其罪小不備不虞之軍國之用其罪大今蠕蠕方强南寇未滅吾爲國遠慮雖死何傷魏主聞之曰眞社稷之臣也他日獲麋鹿數千頭詔尚書發牛車五百以運之既而曰筆公必不我與敕左右自以馬運之　弼頭銳如筆故云筆公　蠕蠕北狄國名即柔然也　浩字伯淵嘗與帝論宋劉裕後秦姚泓夏王勃勃及柔然事勢至夜半賜御縹醪十瓢水精鹽一兩曰朕味卿言如此欲共享其美耳

朔漠咸定淮北悉平【註】奄有朔漠之地命司空奚斤擊宋取靑兗諸郡又拔泰山高平金鄉等郡悉平之明元帝在位十五年太武帝在位二十九年殂爲中常侍宗愛所弑【增註】自秦築長城六百餘年至癸亥二月恐柔然寇邊自赤城至五原二千餘里大築之民力幾盡

高宗顯祖淸淨息民【註】立太武子南安王余建元永平愛爲相專政余謀奪之爲愛所弑尙書源賀等迎立太子晃子

濬是爲高宗建元興安興光太安和平文成帝子顯祖獻文帝建元天安

皇興懷集中外民心以安賞罰嚴明拔淸黜貪

孝文孝友治道日新【註】文成帝在位十四年獻文帝在位五年自稱太上皇傳位于太子宏是爲高祖孝文帝建元延興承明太和孝太后崩上欲廬墓羣臣諫止次年太后周忌哭于陵左絕膳三日 上性寬慈始罷門房之誅嘗謂司空穆亮曰自今朝政日中以前公等議之日中以後朕與卿等共決二十年以魏爲土德王土爲萬物之元故改姓爲元【增註】顯祖雅薄富貴有遺世之心禪位于五歲子宏宏悲泣不已上問之曰代爺之感內切于心父慈子孝至性眞誠以視宋家李道兒子昱無乃麒麟之於檮杌乎按宏三歲爲獻文吮癰及卽位太皇太后馮氏性猜忌上英敏恐不利於己盛寒閉之絕食三日欲廢之不果上無憾焉有宦者譖于太后杖數十上默受終身不追問善射不喜畋好讀書口占詩文不更一字友愛兄弟始終無間故史稱孝文仁厚如漢文而修以儒術好古如漢明而加以英武好賢若渴讀書忘倦在輿拔鞌不忘講道五代南北之君屈指無二先儒謂魏治至孝文而稱盛倘繼述有其人雖躋唐虞何難焉

李高王郭儒雅見親【註】散騎常侍李彪漁陽高閭尙書令王肅黃門侍郎郭祚皆以文雅爲上所親信

均田班祿設學教民【註】時田業多爲豪右所占用給事中李安世言詔諸男夫十五以上受露田四十畝婦人二十畝奴婢依良丁牛一頭受田三十畝限止四牛均量而行又班爵祿之制 立國子大學四門小學以教民

始封崇聖禮樂彬彬【註】修堯舜周公孔子之祀謚孔子曰文聖尼父親行拜祭用文學之士制禮作樂鬱然可觀在位二十九年殂太子恪立是爲宣武帝建元景明正始永平延昌

宣武懦弱胡后弑明【註】帝卽位年十六不能親決庶務倖

臣茹皓及外戚高肇等用事魏政寖衰在位十六年殂太子詡立是爲孝明帝生五年矣在位十三年被弑尊生母胡貴嬪爲太后自再臨朝以來嬖倖如中書舍人鄭儼李神軌皆得幸魏主寖長太后所爲不謹時車騎將軍六州大都督爾朱榮兵强高歡說榮曰今天子闇弱太后淫亂明公討鄭儼等以清帝側霸業可成也榮大悅謀舉兵入洛魏主亦惡儼等密詔榮舉兵向內儼等懼禍及陰與胡太后酖魏主弑之而立孝文曾孫臨洮世子釗生三年矣【增註】孝明帝建元熙平神龜正光
孝昌臨洮王建元武泰魏
先百卅年文經武緯號爲治國宣武非東昏比何太乖
乃父之孝友儒雅而昏昧亦至此哉　宣武親講佛書
時沙門來自西域者三千餘人時右衛將軍元暉侍中
盧昶遷吏部尚書選官有定價人謂選曹爲市曹晉陽
郭祚懷黃𤓰奉太子以爲太師左右趙挑弓亦有寵時
人曰餓虎將軍飢鷹侍中挑弓僕射黃𤓰太師　魏制
太子立必殺其母謝母胡克華獨不見殺自此太子母
皆免胡后聰悟稱制後政事手筆自決但性淫好妝飾
數出遊清河王懌美風儀逼而幸之己亥以崔亮爲
吏部尚書立停年格不問賢愚以傳解日月稱能洛陽
令辟琡上書請止不報魏之選舉遂壞後世資格用人
始此　南梁天監時大興佛教孝明作永寧寺高千尺
窮極奢麗一時南北浮屠千古稱最
豈風會使然耶抑否運之適相遭耶

爾朱强悍子釗是沈【註】榮聞釗立怒舉兵晉陽立長樂王子攸是爲孝莊帝遣騎執胡太后及釗沈之于河

孝莊勇決手刃賊臣【註】帝勇於誅逆榮自爲天柱大將軍雖居外藩遙制朝政魏主與城陽王徽等謀聲言皇子生榮入賀魏主手刃之【增註】孝莊建元建義永安　榮
諷帝求九錫帝僞許其忠
而不與帝后榮女也恚曰天子由我家立今便如此我
父本卽自作今亦復决帝外逼于榮內迫於后曰吾寧
爲高貴鄉公死不
爲常道鄉公生

太原見廢節閔被酖【註】榮自封太原王誅後　子兆從弟

世隆舉兵反推長廣王華即位遂入洛陽執魏主遷于晉陽尋弒于佛寺世隆兄弟以華疏遠無人望廢之而立廣陵王恭是爲節閔帝建元普泰尋被高歡酖死　以高歡爲丞相封渤海王歡起兵討爾朱氏立渤海太守元朗是爲廢帝建元建明後亦被歡酖弒【增註】河間邢子才爲赦文敘敬宗枉殺爾朱榮狀節閔曰手翦強臣非爲失德直以天未厭亂故逢成濟帝閉口八年至此乃言中外忻然以爲明主　初歡投爾朱榮未之奇廐有悍馬命翦之歡不加絆而翦之亦不蹄齧謂榮曰御惡人亦猶是也榮引參軍事謂子兆曰爾非其匹終當爲其穿鼻

高歡立武西奔宇文【註】歡敗兆軍後以朗疏遠復廢之而立恭懼泰神采高明恐後難制酖弒之立平陽王修是爲孝武帝在位二年建元太昌永興永熙孝武欲圖歡歡反魏主奔長安依宇文泰以泰爲大將軍【增註】宇文泰嘗見歡歡奇其狀貌曰此兒瞻視非常既遣而悔使追之不及　先有謠云熒惑入南斗天子下殿走梁武帝跣足下殿以應之至是帝西奔梁武聞之曰夸亦應天象耶

歡復立靜東魏以分宇文酖武立文及欽【註】泰殺帝從妹平原公主由是孝武與泰有隙飲酒遇酖而殂泰立南陽王寶炬孝文孫也是爲文帝建元大統高歡立清河王世子善見遷都鄴是爲孝靜帝建元天平元象興和武定魏自此分東西鄴爲東魏長安爲西魏西魏文帝殂太子欽立是爲廢帝尚書元烈謀誅泰泰殺之廢帝有怨言泰乃弒欽而立欽弟廓是爲恭帝【增註】孝靜多力善射而好文有孝文風高洋使羣臣請禪上曰推挹已久謹當遜避乃下御座步就東廊咏范曄漢獻帝贊曰獻生不辰身播國屯終我四百永作虞賓遂乘犢車出初高澄侍宴舉大觴屬帝帝忿曰自古無不亡之君何用生爲因謀誅澄澄入而坐曰陛下何故反帝曰自古唯聞臣反君不聞君反臣

恭帝逼禪西魏以傾【註】恭帝復姓拓跋氏三年泰卒世子覺立自稱天王是為後周孝愍帝廢廓為宋公弒之西魏亡【增註】西魏主宇文泰所立東魏主高歡所立郎中杜弼請除勳貴之掠百姓者歡使軍士夾道羅列令弼冒出其間弼戰栗流汗歡徐諭之曰矢注不射刀舉不斬矟按不刺爾猶忘魂失魄況諸勳人身犯鋒鏑百死一生平雖或貪鄙所取者大可常較耶

歡傳澄洋東魏亦并【註】大丞相渤海王歡卒世子澄嗣為王尋為其奴蘭京所弒澄弟洋討賊誅之自為齊王尋稱帝是為北齊文宣帝廢東魏主為中山王使酖弒之東魏亡【增註】洋欲受禪告婁太妃妃曰汝父如龍汝兄如虎猶以天位不可妄據爾何人欲效堯舜乎洋每無禮妃舉杖擊之洋曰會當嫁此老母與奚每臨陣其什長不前者令剖其腹命九人食之穢惡亦盡宇宙間屈指無兩李集所謂桀紂不能及也

附北齊 凡六主共二十八年起梁簡文帝大寶元年庚午終陳宣帝大建九年丁酉【增註】晉玄菟太守隱之後初封齊王因以為號以木德王仍東魏舊都居鄴

高歡建齊文宣攘魏【註】文帝姓高名洋字子進渤海蓨人父歡仕魏為丞相封渤海王卒子澄繼立為盜所殺弟洋立洋尋受東魏禪即皇帝位是為文宣帝建元天保廟號高祖後改曰顯祖【增註】神武歡以高世之略平爾朱之亂功大勢盛為魏武所疑雖有逐君之漸而能盡恭以事靜帝沒身不怠此其可稱者也文襄澄有雋才而無重德悖慢無禮拳毆其主終隕身于奴隸為蘭京所弒宜哉

淫湎凶殘濟南及害【註】文宣即位數年漸以功業自矜遂留情沈湎肆行淫暴袒身露體塗傅粉黛街坐巷宿從者不堪兄澄追謚文襄帝后元氏魏孝靜帝之妹文宣昏狂乃曰兄昔奸我婦今須報乃淫于元氏高氏婦女无親疏皆使左右交亂于前初齊有術士言亡齊者黑

衣故高祖每出不欲見沙門顯祖在晉陽問左右何物最黑左右以無過於漆對齊主以上黨王渙于兄弟第七又與永安王浚有怨皆殺之嘗令諸子各理亂絲帝獨抽刀斬之曰亂者須斬在位十年殂太子殷立是爲廢帝建元乾明在位一年叔常山王演廢之遷爲濟南王弑之自立是爲孝昭帝建元皇建【增註】乙亥六月發民一百八十萬築長城自幽州夏口西至恆州九百餘里與呂政楊廣彷彿典御丞李集切諫洋令縛置水中久之引出曰吾何如桀紂曰彌不及矣又沈之數四對如初洋大笑曰天下有如此痴人方知龍逢比干未是俊物卒斬之初洋使其子殷手刃囚殷惻然不斷其首洋怒捶之由是氣悸語吃久不愈演性孝婁太妃嘗痛心演侍帷側以爪掐掌代痛血流出袖友愛諸弟識度深沈少居臺閣明習吏事即位後凡不便于民者悉除之

孝昭富強武成驕悖【註】是時國富兵強立一年出畋馬驚墜地絕筋而殂徵母弟湛即位是爲武成帝建元太寧河清

淫侈無度在位四年傳位太子緯是爲後主建元天統武平隆化【增註】湛逼通孝昭后李氏曰不從殺汝子從之生女后不舉湛曰爾殺我女我殺爾子以刀築殺其子太原王紹德

後主昏狂斛律非罪【註】後主狂暴驕縱爲無愁之曲自彈琵琶而唱之民間謂之無愁天子　僕射祖珽勢傾朝野左丞相咸陽王斛律光惡之時謠言曰百升飛上天明月照長安明月光字也又曰高山不推自崩槲木不扶自舉珽奏之因爲解曰百升者斛也斛律累世大將明月聲震關西女爲皇后男尚公主謠言甚可畏也齊主遂殺光及其二子【增註】後主母胡氏與沙門統曇獻通及朝后見二尼悅而召之乃男子也曇于是事發誅幽后于北宮後主於華林園立貧兒村自依藍縷之服行乞其間以爲樂濫得富貴者殆將萬數乃至狗馬及鷹亦有儀同郡君之號皆食其祿一日問南陽王綽曰在州何事最樂曰聚蝎于

器罝狙其中觀之最樂上卽索蠍置浴斛使人裸臥其中號叫宛轉大悅讓緯曰有如此樂事何不馳驛奏聞吁天生此等爲中華主令人憤懣無濟痛哭無庸亦惟效後主奔還至鄴拜將誓師時放聲大哭焉可也

周入鄴都國命爰絕【註】周師圍鄴傳位于太子恆兵敗出走周師追獲緯及恆北齊亡

附北周凡五主共二十四年起陳武帝永定元年丁丑終宣帝大建十二年庚子

宇文泰子簒魏爲周愍明再弒宰護逆謀【註】孝愍帝姓宇文名覺字陀羅尼代人也父泰以征討功封周王卒子覺嗣簒西魏稱帝國號周在位一年爲從兄冢宰護所弒貶爲略陽公護立愍帝兄寧都公毓是爲明帝建元武成在位四年護憚其明敏有識進毒弒之護將謀逆欲自立遺詔立弟邕是爲武帝建元保定天和建德宣政【增註】有李安者寵于護護密令置毒于糖䭔進之世宗得疾殂遺詔曰朕子年幼未堪當國魯公邕朕之介弟也寬仁大度能弘我周家必此人也時權歸護邕深沈不露圭角久之引護入內出懷中酒誥授之曰太后好飲願兄以此諫之護入讀未畢帝卽以玉珽擊死之收其兵權

武能誅護勝齊遏劉【註】帝與衛公直密謀討護誅之以報殺兄之仇帝撫士以恩用法以斷遂平齊土

聖學以壹喪禮以修【註】立通道觀以一聖賢之教明喪祭禮以修先王之法在位十八年殂太子贇立是爲宣帝建元大成【增註】初周主定三教先後以儒爲先道爲次釋爲後至是遂禁佛道二教經像悉毁沙門道士並還俗淫祠非祀典者悉除之帝嫡母殂倚廬詔曰三年之喪達於天子率遵舊典以申罔極百僚既葬而除人主行三年喪者惟帝與晉武魏孝文宋孝宗四君

天元淫侈杖痕是讎【註】帝爲世子時已多失德及嗣位逞志行淫立一年傳位于太子闡是爲靜帝自稱天元皇帝驕侈昏暴游戲不節晨出夜還自以奢淫多失立五

后俱以天元爲號每撻人以一百二十爲度後又加至二百四十謂之天杖猶捫其杖痕而罵曰死晚矣【增註】先是武帝見太子與羣小暱杖之每捫其杖痕曰死晚矣又悅祖父妃逼淫之其居曰天臺宮曰天興制曰天制勅曰天勅五后無一非天人稱高天上天輒加以罪乃自天興宮不豫而還聲瘖而死呼天天不應天實厭之然皆自絕于天以殄厥生豈天扼其吭哉至孝靜則天命以絕遂爲開皇混一之天天寧無知耶

傳位靜帝大命以終【註】靜帝僅七歲建元大象大定立二年后父楊堅廢之爲介公尋弒之盡滅宇文氏之族後周亡

以上附北史北朝凡二百二十四年起晉安帝隆安二年戊戌終陳宣帝大建十二年庚子戊戌魏道武帝登國元年庚子周靜帝大定元年【增註】宇文氏之甥竇毅女也幼時聞周禪位于隋自投牀下曰恨我不爲男子救舅氏之禍毅急掩其口曰勿妄言族矣及長適唐高祖終取隋室初宇文護欲引楊堅爲心腹其父小宮伯忠曰兩姑之間難爲婦其勿往齊明帝時令相者趙昭視之詭曰不過

作柱國後內史王軌言于周高祖曰普六如有反相高祖曰必天命有在將若之何堅聞之深自晦匿其女即天元后也

隋 凡三主共三十七年起文帝開皇元年辛丑終恭帝侑義寧元年丁丑煬帝即位更都洛陽【增註】火德王都長安

隋祖文帝楊震裔孫【註】高祖姓楊名堅小字那羅延華陰人漢太尉震十四世孫仕周封隋國公【增註】建元開皇仁壽帝生紫氣充庭有尼自河東來謂其母曰此兒所從來甚異不可于俗處之乃將帝舍于別館躬自撫養一日尼出付其母抱之忽見頭上角出徧體鱗甲母大驚墮之地尼心動遽還曰驚我兒致令晚得天下少時有術者相之曰公眼如曙星當大貴

篡周九載己酉平陳【註】帝于陳宣帝大建十三年辛丑篡周靜帝位開皇九年稱帝號 開皇八年戊申始晉井擒陳後主封爲長樂公後主帝之外孫也【增註】李穆進獻六斗干

帝曰願執此以慰安天下陳常侍韋鼎聘周謂帝曰公當大貴天下混爲一家歲一周天老夫當委贄卒如其言

蘇威高熲相業稱平【註】太子少保蘇威僕射高熲參掌朝政威嘗奏減賦役務從輕典嘗切諫上怒將自出斬威直前不去帝避不出威又遮止帝帝謝曰公若是吾無憂矣熲入建康晉王廣令留張麗華不聽斬之後爲相推誠體國有宰相識度【增註】壬寅五月御服定用黃後世帝王從此鑄五銖錢每千四斤二兩重定五刑卽今之斬絞徒流杖笞也初威見隋受禪卽隱不仕文帝謂其若當亂世商山四皓不是過也

擒虎若弼用軍最精【註】廬州總管韓擒虎吳州總管賀若弼善將兵二人平陳【增註】擒虎以平陳功進上柱國疾革有人驚走其家曰欲迎閻羅王虎曰生爲上柱國死爲閻羅王足矣子世諤有父風

牛弘定律李諤論文【註】詔太常卿牛弘作新律　侍書御史李諤博學善屬文以時文體尙輕薄流宕忘反上書論之上以頒示天下四海靡然向風【增註】時有大儒王通字仲淹銅川龍門人篤志好學慨然有濟蒼生之志仁壽間詣闕獻太平十策不報歸而教授河汾弟子自遠至者甚衆集其執言曰中說累徵不起大業末卒于家門人私謚曰文中子初楊素嘗勸之仕辭曰通有先人之敝廬足以蔽風雨薄田足以供饘粥讀書樂道足以自樂不願仕也及門有京兆之杜淹趙郡之李靖河東之薛收扶風之竇威清河之房元齡鉅鹿之魏徵太原之溫大雅潁川之陳叔達師其道範無一非命世才也

趙綽守法薛胄原情【註】刑部侍郎辛亶嘗衣緋褌俗云利官上以厭蠱將斬之尙書都官侍郎趙綽曰據法不當死臣不敢奉詔上怒命僕射高熲斬之綽曰陛下寧可殺臣執法一心不敢惜死帝乃止　大理卿薛胄斷獄以情

彦光課最恭懿養民 註 相州刺史梁彦光前在岐州其俗頗質以靜鎮之合境大安課最爲天下第一　新豐令房恭懿政爲三輔之最每朝謁帝訪以治民之術勅諸州曰房恭懿志存體國愛養我民卿等宜師之

辛廳視疫劉獄草青 註 岷州刺史辛公義以岷俗畏疫一人病闔家避之病者多死公義命皆輿致廳事暑月廳廊皆滿公義設榻其間晝夜不去以秩祿具醫藥身自省問多所全活　平鄉令劉曠有異政以理義曉喻訟者皆引咎而去獄中草滿庭可張羅

鹽酤罷禁庸調以輕 註 周末榷酒坊鹽池鹽井三年詔罷之　初令民二十一成丁減役者歲爲二十日調絹爲二丈先是每歲十二番詔減爲二十日役

社倉里正戶邑日增 註 度支尚書長孫平奏令民間每秋家出粟麥一石以下貧富爲差儲之當社委社司檢校以備凶年名曰義倉帝從之時民間多妄稱老少以免賦役上命州縣大索面貌閱戶口不實者里正黨長遠配自是奸無所容　受禪之初民戶不過四百萬末年踰八百九十萬庚子滅周丁未滅後梁己酉滅陳天下一統是時凡有郡一百九十縣一千二百五十五東西九千三百里南北萬四千八百十五里隋氏戶邑之盛極於此矣

惜任楊素獨孤愛儈 註 僕射楊素本庸材帝信任之譖太子勇以媚晉王廣廣陰有奪宗之志譖于獨孤后后本愛廣儈勇乃贊帝廢勇爲庶人而立廣皆素之謀也 儈

【註】素少多才藝有大志周高祖令爲詔書下筆立成詞旨兼美帝曰勉之勿憂不富貴對曰但恐富貴逼人來臣無心於富貴也後竟佐隋時韋元康爲吏部郎解組謂子弟曰祿豈須多防滿則退年不待老有疾則辭

廢勇立廣身死張衡【註】帝寢疾廣入侍宣華夫人陳氏出更衣爲廣所逼帝聞之恚曰畜生何足付大事獨孤誤我呼尚書柳述侍郎元巖爲勅召故太子勇楊素告廣廣令右庶子張衡入殿侍疾遂弑之在位二十四年廣立是爲煬帝【增註】建元大業

煬帝弑父大營東京【註】煬帝既弑父于大寶殿自立詔楊素營洛陽東都宮室役丁二百萬人又發丁百萬開濟渠引洛水達河又發民十萬開邗溝引揚子江入又遣黃門侍郎王弘等往江南造龍舟及雜船數萬艘又築西苑二百里內爲海周十餘里【增註】二年丙寅建進士科後世進士科舉始此　廣以本命屬木雍本破木之衝不宜久居乃營東京　六年以諸番來朝陳百戲于端門命市陳酒肴任胡客食不取直以錦繒纏樹胡客曰中國亦多貧者何不以此錦與之

翦綵西苑復築長城【註】西苑秋冬宮樹凋落則命宮人翦綵爲花葉綴于枝條色渝易以新者沼內翦綵爲芰荷菱芡從宮女數千騎于西苑以月夜游之　三年發丁男百餘萬築長城西距榆林東至紫河四年發丁男二十餘萬復築之自榆林而東

矩開西域高麗親征【註】五年西域諸國來朝獻地置西海等郡　七年帝自將擊高麗勅幽州總管元宏嗣往東萊海口造船官吏督役晝夜立水中自腰以下皆生蛆死者十之三四左右二十四軍凡一百十三萬人餽運者倍之日遣一軍相去四十里御營六軍後發首尾亘

千餘里近古出師之盛未有也九年又自將復擊高麗十年又徵天下兵伐之凡三舉【增註】吏部侍郎裴矩知帝好遠略撰西域圖記三卷奏之帝大悅慨然將通西域以矩爲黃門侍郎使至張掖引致諸胡自是西域往來相繼所經郡縣糜費以萬萬計卒令中國疲弊以至于亡矩倡之也時民間疫死者不知幾千萬故生男即自斷其手足曰福手福足

弒於化及侑侗虛名【註】帝至江都荒淫益甚見天下大亂欲保江東從駕驍果多關中人思歸郎將司馬德戡直閣裴虔通等共謀亡去以告將作少監宇文智及智及曰今同心叛者已數萬人因行大事智及請其兄許公化及爲主德戡等兵入引帝縊殺之宗戚無少長皆死惟秦王浩素與化及往來以皇后令立浩爲帝化及自爲丞相又殺浩自稱帝丞相李淵立代王侑爲帝東都聞煬帝凶信立越王侗爲帝改元皇泰納言王世充與內史令元文都共掌朝政未幾世充殺文都自總內外政使兄惲入居禁中子弟咸典兵馬侗拱手而已侑禪位于淵降封酅國公世充亦逼侗禪位尋弒之謚曰恭隋亡侑侗皆煬帝孫元德太子昭之子恭帝侗皇泰元年即恭帝侑義寧二年唐高祖武德二年无恭帝侑武德三年无恭帝侗【增註】帝見天下危亂亦不自安退朝則幅巾短衣歷徧臺閣汲汲顧景唯恐不足嘗仰視天文謂蕭后曰外間大有人圖儂又引鏡自照曰好頭顱誰當斫之帝善屬文不欲人出其右薛道衡死帝曰更能作空梁落燕泥否王胄死帝誦其佳句曰庭草無人隨意綠復能作此語否喜著述自經術文章兵農地理醫卜釋道以至蒱博鷹狗爲新書一萬七千餘卷蘇威獻古文尚書以爲訕已除名再幸江都時留別宮人詩曰我夢江都好征遼亦偶然但留顏色在離別止今年遂成詩讖時謠曰江南楊花落江北李花榮西河郡臣高德儒指孔雀爲鸞以獻媚唐祖起兵太原首斬之

歷年三七楊氏以傾【註】隋文帝在位二十四年九年一統後又在位十六年煬帝在位十二年恭帝侑一年恭帝侗二年共三十七年亡

厥時首亂王薄金稱【註】煬帝自將擊高麗發民夫運米塞下車牛往者皆不返耕稼失時穀價湧貴百姓窮困相聚爲盜鄒平民王薄據山東長白山擁衆剽掠自稱知世郎言世事可知也鄃人張金稱聚衆河曲爲亂二人皆于七年十月起兵爲造亂首【增註】按亡隋大與秦類維文帝初政勝于始皇而煬帝之惡浮于胡亥恭帝之弱等于子嬰李密起兵滎陽一如陳涉于是亡命之徒雲集響應九宇分崩蓋自漢末至此垂四百餘年均爲亂世

士弘據楚薛舉稱秦【註】鄱陽林士弘據江南虔州稱楚帝建元太平凡五年敗于蕭銑銑亡唐趙郡王孝恭攻之敗死起煬帝大業十二年丙子終唐高帝武德三年庚辰　金城校尉薛舉刦縣令起兵自稱西秦霸王據隴西建元秦興凡三年爲唐秦王所滅起煬帝大業十三年丁丑終恭帝侗皇泰二年唐高祖武德二年己卯

煬帝十三年立恭帝侑十四年立恭帝侗

梁有師都魏有李密【註】朔方梁師都殺郡丞唐世宗據郡稱大丞相尋稱梁帝號永隆凡十二年爲弟洛仁斬首以降起煬帝大業十三年恭帝侑元年丁丑終唐太宗貞觀二年戊子　襄平李密據興洛倉畧取河南諸郡以蒲山公稱魏公建元永平三年爲王世充所敗降唐封邢國公復叛爲盛彥師擊殺起煬帝大業十三年隋恭帝侑義寧元年丁丑終唐高祖武德二年己卯【增註】

密才畧過人嘗乘黃牛讀漢書楊素見而異之謂其子玄感曰汝等不及也及玄感反問計于密密獻策玄感不能用而敗密亡命時有李代楊之謠瓦岡羣盜翟讓單雄信徐世勣王伯當程咬金等共推密爲主號稱魏公畧取河南諸郡後爲隋所敗降于唐見高祖自若也見世民驚服曰眞英主也後復叛唐兵追殺之密移檄郡縣數帝十罪曰罄南山之竹書罪無窮決東海之波流惡難盡祖珽子君彥之詞也道士徐洪客獻書于密以爲大衆久聚恐食盡人散師老厭戰難可圖功勸密乘機進取因士馬之銳沿流東指直向江都執取獨夫號令天下密壯其言以書招之洪客竟去不知所之胡致堂曰洪客之謀奇而正非惟李密不及唐初諸人皆不及也而迄不自見豈其不及唐室之興而死歟抑如黃石公魯仲連之流歟嗚呼其可謂高士矣初密致書于唐曰所望左提右挈戮力同心執子嬰于咸陽殪商辛于牧野高祖笑曰密妄自尊大乃推獎之曰唯弟早膺圖籙以寧兆民是望

楚有朱粲許有化及【註】城父朱粲自稱迦樓羅王又稱楚帝號昌達凡二年好食婦人孺兒肉尋敗降唐叛奔王世充東郡平斬洛水上起恭帝侑義寧二年恭帝侗皇泰元年終唐高祖武德元年戊寅　武川宇文化及弒煬帝立秦王浩又鴆殺之稱許帝號天壽尋爲竇建德所殺隋恭帝侑義寧二年恭帝侗皇泰元年唐高祖武德元年戊寅【增註】化及與李密戰數不利兵勢日促惟酣飲奏女樂醉後尤弟智及曰我初不知都由汝爲計今所向無功負殺主名滅族豈不由汝智及怒曰事捷不聞歸功敗乃歸罪何不殺我降建德醒則復飲化及知必亡嘆曰人生固當死豈不可一日爲天子乎乃殺浩

蕭銑興梁武周馬邑【註】梁蕭銑梁宣帝曾孫初爲羅川令岳陽兵起推銑爲王大業十三年稱梁帝建元鳳鳴凡四年爲唐所滅起恭帝侑義寧二年恭帝侗皇泰元年唐高祖武德元年戊寅終四年辛巳　景城劉武周大業十三年起兵路突厥立爲定陽可汗尋稱帝號天興凡四年爲唐秦王滅國號定揚起煬帝大業十三年恭

帝侑義寧元年丁丑終唐高祖武德三年庚辰

李通吳邦世充鄭國【註】沂州李子通大業十一年自稱楚王據江都稱吳帝建元明政凡三年敗奔餘杭降杜伏威執送京師後叛伏誅起恭帝侗皇泰二年唐高祖武德二年己卯終四年辛巳　霸城王世充聞江都弑逆越王侗立封鄭國公武德二年矯侗策禪禪位國號鄭建元開平爲唐秦王所滅凡三年起恭帝皇泰二年唐高祖武德二年己卯終四年辛巳【增註】世充豺聲卷髮善以口舌緣飾人不能屈煬帝時李密逼東郡以充有將略使爲將軍屯洛口封鄭國公

紛紜竊據六十四邦次第夷滅天命歸唐【註】當時起烟塵者六十四處此其尤著者耳

史要卷三終

史要增註卷四

荆溪任啟運輯

邑後學吳兆慶纂註

族孫麟徵增註

唐凡二十一主共二百八十九年起高祖武德元年戊寅終昭宣帝天祐三年丙寅

神堯始謀文靜裴寂私侍宮人借兵突厥【註】高祖神堯帝姓李名淵字叔德成紀人涼李暠之後初爲太原留守會天下盜起子世民知隋必亡陰與劉文靜謀舉大事令宮監裴寂密選隋宮人私侍於帝因酒醒告以舉事帝大驚寂曰正爲宮人奉公事發當誅耳帝因起兵劉文靜勸帝與突厥相結資其士馬以益兵勢帝自爲手啟卑詞厚幣遺始畢可汗【增註】攷涼李暠爲李廣之後廣數奇于漢而二十餘世後仍能化家爲國衍唐三百餘年鴻基噫誠難封之廣耶何後之昌也帝舉兵晉陽席卷長驅奄有

關中埽除亂略六年之中海內咸服成功之速蓋由太宗也裴寂等請立代王侑改易旗幟以示突厥帝曰此可謂掩耳盜鈴按帝暱裴寂以受宮女聽劉文靜而臣突厥以此貽謀焉可爲訓故唐世無正家之法戎翟多猾夏之憂蓋高祖以此始也

歲在戊寅長安建國【註】隋恭帝侑義寧二年高祖即皇帝位建都長安國號唐【增註】以土德王以洛陽爲東京建元武德柴紹字嗣昌妻即帝女平陽公主散家貲募兵有衆數萬號娘子軍會秦王于涇北攻克長安

以子世民肇造唐室【註】帝四子建成世民元伯元吉惟秦王世民識量過人有安天下之志說帝舉兵既克長安悉除隋苛禁每戰身先士卒精銳千騎皆皁衣玄甲分爲左右使將尉遲敬德秦叔寶等將之自被玄甲以率縛建德降世充破武周擒秦王舉及其子仁杲埽烟塵一十四載唐室以興【增註】劉文靜一見世民歎曰豁達類漢高神武同魏祖年雖少

命世才也方四歲時有書生見之曰龍鳳之姿天日之表其年幾冠必能濟世安民乃採其語名世民年十八舉義兵高祖得天下皆其力也除隋之亂比迹湯武致治之美庶幾成康自古功德兼隆由漢以來未之有也惜其好尚功名不及禮樂父子兄弟之間慚德多矣

李綱忠款伏伽誠直【註】太子少保李綱以建成忌秦王世民功高屢諫不聽乞歸帝曰公直士也差盡忠款　萬年縣法曹孫伏伽以上表陳過見悅擢治書侍御史帝曰伏伽可謂誠直矣

初定均田錄隋宗室【註】七年初定均田租庸調法廢恭帝侑爲鄴國公其隋蔡王智積等子孫並付量才選用【增註】華陽范氏曰自井田廢而貧富不均唐之制蓋庶幾焉使貧者有以自立富者不得兼之則均天下之本也　租庸調法每丁納租二石調隨土地所宜綾絹絲布歲役二旬不役則收其庸日三疋有事而加役者旬有五日免其調三旬則租調役免　范氏曰商之孫子侯服于周誅其罪人之身而立其子天下之公義也況宗族乎高祖始即位而錄隋子孫由漢以來最爲忠厚其享國長世宜哉

建成元吉喋血宮門【註】太子建成齊王元吉忌世民功盛曲意事妃嬪以傾世民密謀殺之房元齡杜如晦皆勸世民行周公之事以安社稷于是世民奏建成元吉淫亂後宮上曰明當鞫問明日世民伏兵元武門建成元吉入至臨湖殿覺有變欲還世民追射殺建成尉遲敬德射殺元吉高祖遂立世民爲太子是爲太宗【增註】遂昌尹氏曰高祖有言今日破家滅軀由汝化家爲國亦由汝是則唐三百年之基業肇于秦王其當有天下無疑也高祖于是時名建成諭以唐所由興之故非世民無以有今日俾其明白推讓則建成有遜國之美世民無推刃之慚萬一建成不從則斷以大義封之遐阻之地世民苦遜則質以至誠察其由衷之言必至於兩全而後已則父子之道得兄弟之好終君臣之分定而國家安于磐石矣惜乎計不出此卒至骨肉相殘爲古今大惡悲夫

太宗英武天策登瀛【註】太宗命縱鷹犬罷貢獻聽百官各陳治道初高祖命太宗爲天策上將軍開館以延賓客十八學士皆名人一時謂之登瀛洲【增註】建元貞觀按貞觀政要一書八代以來天下無雙　高祖以帝功高前代官不足以稱之乃爲置天策上將　瓊山邱氏曰太祖在御建成爲太子固無恙也而乃命秦王開府置屬以延賓客學士欲何爲哉昔漢武爲戾太子立博望苑通賓客以從其所好司馬氏猶以爲宜太子之不終也況太宗以藩王功高望重處危疑之地可使之日夜聚徒黨乎在太宗非遵養之道在高祖非教子之法而亦非所以安儲位定國家也其後推刃同氣喋血禁庭以貽百世譏而設謀効力者皆天策府中人太宗爲三代下令主而不免有慚德非以此哉癸巳秋縱死囚歸家期以來秋就死赦天下皆縱至期果自詣朝堂三百九十人皆赦之雖不可常亦見帝之仁術前所未聞也

能斷如晦善謀元齡【註】僕射杜如晦引拔士類常若不及僕射房元齡明達吏事輔以文學帝每與元齡謀事非如晦不能決嘗曰元齡善謀如晦能斷

世南五絕穎達疏經【註】永興公虞世南外和柔而內忠直帝謂其有五絕一德行二忠直三博學四文詞五書翰庶子孔穎達與諸儒撰定五經疏謂之正義

薛收元敬相時志寧世長蘇勗褚亮元通德明守素思廉允恭敬宗文達恩遇爲隆【註】薛收薛元敬顏相時于志寧蘇世長蘇勗褚亮李元通陸德明李守素姚思廉蔡允恭許敬宗蓋文達合上杜房虞孔四人爲十八學士皆以本官兼之商確政事令更日直宿講論前言往行至夜分方罷

將兵英衛定歷淳風【註】英公李敬業後以武后廢中宗起兵揚州討后敬業徐勣孫勣於武德二年降唐賜姓李氏　衛公李靖統軍討突厥　直太史李淳風以靈臺

候儀制度疎畧故造渾天儀又增損隋劉焯皇極歷而
撰定麟德歷以正戊寅歷推步之疎

王珪確論蘊古寶箴 註 帝謂侍中王珪曰卿識鑒精通復善談論元齡以下卿悉宜加品藻且自謂與數子何如對曰孜孜奉國臣不如房元齡才兼文武臣不如李靖敷奏詳明臣不如温彥博處煩治劇臣不如戴冑恥君不及堯舜以諫諍爲己任臣不如魏徵至於激濁揚清嫉惡好善臣于數子微長帝以爲確論　幽州記室張蘊古上大寶箴帝悅除大理丞 增註 大寶箴其畧曰聖人受命拯溺亨屯故以一人治天下不以天下奉一人又曰壯九重于內所居不過容膝彼昏不知瑤其臺而瓊其室羅八珍於前所食不過適口唯狂罔念邱其糟而池其酒又曰勿沒沒而闇勿察察而明雖冕旒蔽目而視于未形雖黈纊塞耳而聽于無聲

馬周直道元素仁人 註 中書舍人馬周有機辨岑文本嘗稱其論事援引古今舉要刪繁一字不可增減　給事中張元素以帝修洛陽宮上書陳諫帝卽爲罷役魏徵歎曰張公論事有回天之力

文后賀直徐妃諫兵 註 帝嘗罷朝怒曰會須殺此田舍翁文后問爲誰帝曰魏徵每廷辱我后退朝服賀于廷曰妾聞主明臣直魏徵之直由陛下之明帝悅　徐惠妃以帝東征高麗西討龜茲上疏陳諫帝善其言乃止 增註 后長孫氏嘗采自古婦人得失事爲女則三十卷及崩帝痛悼曰入宮失一良佐矣　帝以長孫無忌爲右僕射后引呂霍爲喻請勿以弟執政賢之至矣　徵容貌不過中人而有膽畧每犯顔苦諫上怒甚亦爲之霽威上嘗得佳鷂自背之見徵來匿懷中徵奏事故久鷂竟死懷中　文后薨帝念后不已於苑中作層觀以望昭陵引魏徵同登使視之徵熟視良久曰臣昏眊不能見上指示之徵曰臣以爲陛下望獻陵若昭陵臣固

見之矣上泣爲毀觀昭陵后墓獻陵高祖墓徵卒陪葬昭陵上自制碑文書石謂侍臣曰人以銅爲鏡可以正衣冠以古爲鏡可以見興替以人爲鏡可以知得失☐徵殁朕失一鏡矣　徐惠妃孝德女生五月能言四歲通論語詩八歲自曉天文太宗召爲才人後進爲充容疏中云地廣非常安之術人勞乃易亂之源又云珍玩奇巧乃喪國之斧斤珠玉錦繡實迷心之酖毒作法于儉猶恐其奢作法于奢何以制後

奕斥胡佛徵諫辰嬴【註】太史令傅奕上疏請除佛法曰佛在西域言妖路遠不忠不孝游手游食易服以自外于君父而逃租賦漢明帝始奉政虐祚短梁武齊襄足爲明鑑請令僧尼匹配可以足兵帝爲沙汰之　齊王元吉妃楊氏有寵將立爲后魏徵諫曰陛下方比德唐虞奈何以辰嬴自累乃止【增註】太宗楊氏生明封曹王使繼元吉後瀆倫傷化唐室宮闈之亂自此始　奕精究術數而終不之信遇疾不餌藥有僧自西域來能咒人死復咒即生奕曰此邪術也臣聞邪不干正請使咒臣上命僧咒奕奕無所覺又有婆羅門僧言得佛齒所擊輒碎奕謂其子曰吾聞金剛石者性至堅惟羚羊角能破之其子往叩之應手而碎奕年八十五卒臨終戒其子無得學佛書又集魏晉以來駁佛教者爲高識傳十卷行于世

九宮作舞鞭背除刑【註】使童子八佾爲九功舞大宴會於慶善宮　帝讀明堂鍼灸書云人五臟之繫咸附于背自今以後毋得笞囚背制笞杖刑

用垂帝範爰定府兵【註】作帝範十二篇賜太子曰君體建親求賢審官納諫去讒戒盈崇儉賞罰務農閱武崇文凡十道置府六百三十四上府兵一千二百人中府千人下府八百人年二十爲兵六十免【增註】十道關內以京官遙領日河南河東河北山南隴右江南淮南劍南嶺南府兵天下十道置府六百三十四而關內三百六十一皆隸諸衛及東宮六率　三百人爲團團有校尉五十人爲隊隊有正十人爲火火有長每人兵甲糧裝各有數輸之庫征行給之能騎射者爲越騎其餘爲步兵每歲孟冬折衝都尉帥以教戰當給馬者官予直當宿衛

者番上兵部以遠近給番遠疏近數皆一月而更古者兵法起于井田周衰王制壞而不復至于府兵始一寓之于農其居處教養畜材待事動作休息皆有節目雖不能盡合古法蓋得其大意焉傳至高宗時久不用兵其志浸壞番役更代多不以時衛士稍稍亡匿至開元間益行耗散張說乃請募士長從宿衛號曰彍騎兵農從此分而府兵亡矣

上書粘壁刺史書屏【註】魏徵上十漸疏帝以疏列為屏幃錄付史館　以養民惟在都督刺史嘗書其名於屏風坐臥觀之注其在官善惡之跡於屏下以備黜陟

畫功凌煙無忌第一房杜魏徵孝恭敬德蕭瑀志元宏基屈突李靖開山士廉順德柴紹張侯世南知節政會唐李叔寶咸列【註】圖功臣於凌煙閣　長孫無忌房元齡杜如晦魏徵趙郡王孝恭尉遲恭字敬德蕭瑀段志元劉宏基屈突通李靖殷開山高士廉長孫順德柴紹張亮張公

謹侯君集虞世南程知節劉政會唐儉李勣秦瓊字叔寶二十四人肖其像以祀之　帝在位二十三年崩立第九子治是為高宗【增註】建元永徽顯慶龍朔麟德乾封總章咸亨上元儀鳳調露永隆開耀永淳弘道　張亮侯君集二人後皆以反伏誅初太子承乾失道魏王泰有寵潛有奪嫡之志帝兩廢之欲立齊王治而疑其弱謂長孫無忌曰稚奴弱恐不能守社稷吳王恪英果似我欲立之若何無忌不可帝曰公以非己甥耶無忌固爭帝乃謂晉王曰汝舅許汝矣乃立為太子

勣阿高宗武曌爰立韓瑗泣諫遂良叩血【註】以太宗才人武氏為昭儀欲立為后恐大臣不從乃幸司空長孫無忌第賜以金寶拜其子三人為朝散大夫從容言皇后無子以諷之無忌對以他語上不悅未幾又召無忌等入言之吏部尚書同三品褚遂良固爭之置笏殿階叩頭流血曰還陛下笏帝怒貶潭州都督侍中韓瑗亦涕

泣極諫不納他日大總管李勣入見帝曰朕欲立武昭儀爲皇后遂良等以爲不可事當且已乎勣對曰此陛下家事何必更問外人帝遂廢皇后王氏爲庶人立昭儀武氏爲皇后後勣孫敬業起兵討后后斵勣棺戮其屍【增註】帝溺愛衽席不戒履霜之漸卒使妖后斵喪唐室貽禍邦家華陽范氏曰帝欲廢立取決于勣之一言若以爲不可則武氏可不立矣勣非惟不諫又勸成之親賢遭禍唐室中絕皆勣之由其禍博矣太宗以勣爲忠自今觀之眞唐之罪人也 初太宗崩武氏出爲尼高宗因太宗忌日入寺行香見而悅之王皇后與蕭淑妃爭寵后因陰令武氏蓄髮納之宮中欲以間淑妃寵未幾果大幸封爲昭儀後與淑妃復合譖昭儀帝均不聽且欲廢后遂良諫曰先帝臨終執陛下手詔臣曰佳兒佳婦今以付卿非有大故不可廢郎必欲廢請另擇名族何必武氏武氏經事先帝人所共知萬代之後謂陛下何如主願留三思卒不聽王后淑妃旣廢囚別院帝偶至其所憐而呼之后泣對曰至尊若念疇昔乞賜此院爲回心院帝曰朕卽有處置武后聞之使人截去手足置酒甕中曰令二嫗骨醉後武后屢見王蕭爲祟如死時狀

李貓笑刀誣殺忠直【註】中書侍郎李義府狡險忌刻容貌溫恭時人謂義府笑中有刀又以其柔而害物謂之李貓誣奏韓瑗來濟褚遂良謀不軌乃貶瑗於振州濟台州遂良愛州尋卒又削太尉長孫無忌官爵安置黔州瑗後被誣殺濟赴敵死【增註】時許敬宗宣言于朝曰田舍翁多收十斛麥尚欲易婦況天子乎蕭妃臨死曰願我爲貓武爲鼠生生世世扼其喉故太宗丁酉冬武氏入宮洛水溺死六千餘人及高宗甲寅以武爲昭儀寢殿溺死三千人又恆州漂溺五千餘家一女子而上干災沴如此可畏哉

厥時良臣義方彈劾【註】侍御史王義方以李義府逼殺大理寺丞畢正義彈其擅殺六品寺丞漸不可長對仗叱令下義府顧望不退義方三叱義府始趨出義方乃讀彈文

行儉知人處俊遠識【註】吏部侍郎裴行儉有知人鑒初王

勃楊烱盧照鄰駱賓王皆以文章有盛名行儉曰勃等有文章而浮躁淺露豈享爵祿之器旣而勃墮水死烱終盈川令照鄰惡疾赴水死賓王從徐敬業起兵被誅

高宗觀酺翔鸞閣時赤縣與太常音技分東西朋中書令郝處俊以帝詔雍王賢主東朋周王顯主西朋因角勝負處俊曰二王春秋少意操未定乃分朋造黨非所以示雍和帝遽止嘆曰處俊遠識非衆臣所能逮也

增註 賓王等五六人失職怨望遂與徐敬業起兵討武后后見檄問誰所爲或曰駱賓王后曰人有才如此而使之流落不偶宰相之過也 太子弘數忤后乀酖之又廢太子賢爲庶人立皇孫重照爲太孫王方慶曰未聞太子在東宮而立太孫者上曰自我作古可乎賢作黃臺瓜詞

善感鳳鳴至德還牒 註 帝欲遍封五嶽作奉天宮於嵩山之南監察御史裏行李善感上疏諫不納自褚遂良韓

瑗之死中外以言爲諱幾二十年及善感始諫時謂之鳳鳴朝陽 僕射戴至德與僕射劉仁軌更日受牒訴而時譽皆歸仁軌有老嫗欲詣仁軌陳牒誤詣至德覽未終嫗曰本謂解事僕射乃不解事僕射耶還我牒至德笑而受之時人稱其長者

增註 仁軌常以美言許訟者至德必據理詰難未嘗予奪實有冤結密爲奏辨由是仁軌有時譽至德曰人主擅威福人臣安得而盜取之

武氏則天以周易唐 註 高宗在位三十四年崩太子哲立建元嗣聖神龍景龍是爲中宗尊母太后武氏爲皇太后政事咸取決焉在位三月太后欲自立爲帝廢帝爲廬陵王遷於房州又遷均州改元易服色官名改十一月爲歲首十二月爲臘月夏正月爲一月自名曰曌改詔曰制改國號曰周稱皇帝以中宗弟豫王旦爲皇嗣改姓武立

武氏七廟及中宗復位遷太后於上陽宮上尊號曰則
天大聖皇帝【增註】初武后遣使存撫四方及引見無問賢愚悉擢用時人語曰補闕連車載
拾遺平斗量權推侍御史盌脫校書郎有舉人沈全交
續之曰糊心存撫使眯目聖神皇權四齒杷吉授官
如杷推之多也模脫盌杯箇箇相似言兵不得人也
初太宗時太白屢晝見太史占云女主昌民間又傳秘
記云唐三世之後女主武王代有天下太史令李淳風
曰臣仰觀天象俯察歷數其人已在宮中自今不過三
十年當王天下殺唐子孫殆盡其兆既成矣上曰疑似
者盡殺之何如對曰天之所命不可違也中宗欲以
后父韋元貞爲侍中裴炎恐其分己權固爭上曰我以
天下與元貞何不可況侍中耶建元光宅垂拱永昌
載初天授如意長壽延載證聖天册萬歲萬歲登封萬
歲通天神功聖歷久視大定長安神龍后乘唐中衰
攘竊神器任用酷吏圖害宗支毒流縉紳其
禍慘矣唐之得復爲唐狄仁傑之功居多

始寵懷義繼嬖二張【註】僧懷義得幸太后以爲白馬寺主
托言懷義有巧思出入宮禁補闕王求禮表請闍之表
寢不出仍寵倖之散騎常侍張昌宗司衛少卿張易之

俱少年美姿容太平公主薦侍禁中皆得幸太后姪承
嗣三思爭執鞭轡謂易之爲五郎昌宗爲六郎【增註】有譽
昌宗美者曰面如蓮花宰相楊再思曰乃蓮花似六郎
耳鄠人馮小寶偉岸淫毒改名薛懷義爲僧宋之
問爲張易之奉溺器國子祭酒祝欽明以儒學著名
中宗宴群臣欽明請作八風舞搖頭轉目備諸醜態吏
部侍郎盧藏用曰祝公五經掃地盡矣承嗣三思求
爲太子后意未決狄仁傑從容言曰陛下立子則千秋
萬歲後配食太廟承繼無窮立姪則未聞姪爲天子而
附姑于廟者他日后謂仁傑曰朕夢大鸚鵡兩翼折何
也曰武者陛下之姓兩翼二子也起
二子則兩翼振矣后由是無立姪意

周索告密來侯虎狼【註】太后自以內行不正知大臣宗室
怨望欲大誅殺以示威乃盛開告密右丞周興及索元
禮因告密擢爲大將軍來俊臣侯思正希效上旨意所
欲陷則使無賴告之既下獄脅以威刑無不誣服造告
密羅經一卷網羅無辜織造反狀中外畏之又自置銅

匭受密奏其器一室四隅上各有竅可入不可出匭有四塗以方色青曰延恩在東丹曰招諫在南白曰中寃在西黑曰通元在北【增註】御史傅游藝率百姓上表改唐爲周立七廟于神州藝遂爲左右大將軍一年之中歷衣青綠朱紫時謂之四時仕宦一年九月夢登湛露殿有告其反者下獄死三年九月雍州新豐縣東南有山湧出改新豐爲慶山縣江陵人俞文俊上書山變爲災非瑞也后怒貶嶺南天授中人告周興反時方與俊臣對食俊臣曰囚多不服奈何興曰易耳內之大甕熾炭圍之何事不承俊臣曰善取甕熾火徐謂興曰有詔按君請入甕嘗之興駭汗叩頭服罪　後俊臣亦斬西市人爭噉其肉須臾立盡仍以馬踐其骨無餘

既廢中睿旋戮諸王【註】太后既廢中宗立豫王旦尋又廢旦爲相王時琅琊王沖越王貞舉兵匡復不克死太后殺唐宗室南安王穎等十二人及故太子賢二子李氏子孫于是殆盡幼弱者流嶺南

再疏安恆剖身金藏【註】武邑人蘇安恆上書當遜位於太子凡兩次切諫俱不報　時有告皇嗣異謀者太后命來俊臣鞫其左右太常工人安金藏大呼曰公既不信金藏之言請剖心以明皇嗣不反即引佩刀自剖其胸五臟皆出流血被地太后大驚令醫納臟線縫經宿始蘇卽命俊臣停推睿宗由是得免

徐杜平恕緒歸嵩陽【註】法官競爲深酷惟司刑丞徐有功杜景儉獨存平恕被告者皆曰遇來侯死遇徐杜生周安平王武攸緒棄官歸嵩山之陽優游巖壑太后所賜服器皆置不用買田使奴耕種與民無異

婁薦仁傑狄援五王柬之崔敬桓袁反唐【註】同平章事婁師德以狄仁傑治汝南有善政薦之太后擢爲同平章

事重任之太后問仁傑誰可爲將相者仁傑薦荊州長史張柬之天官侍郎崔元暐代州刺史敬暉監察御史桓彥範相王司馬袁恕己太后用之卒成反正之功封柬之爲漢陽王元暐博陵王暉平陽王彥範扶風王恕己南陽王【增註】狄仁傑佐理純陰幾蒙頑鈍之恥然幸不激不隨至誠感格卒能取日虞淵洗光咸池潛授五龍夾之以飛謂爲國老洵確評也后嘗問人于仁傑對曰荊門長史張柬之其人雖老宰相才也后擢爲司馬他日又問仁傑曰前薦柬之尚未用后曰已遷矣仁傑曰臣所薦者宰相非司馬也後卒用爲相與元暐等迎廬陵王斬關入至后寢所后驚問故柬之等曰張易之昌宗爲亂奉太子令誅之恐有漏洩不敢以聞后見廬陵王曰是汝耶二豎既誅小子宜回東宮柬之等曰太子安得更歸昔天皇以愛子託陛下天意人心久思李氏願傳位太子順天人之望后乃下詔遜位

廬陵復辟韋武淫凶

【註】廬陵王賴五王斬關而入斬張易之張昌宗以太后命太子監國復國號曰唐立韋氏爲

皇后帝使韋氏與司空武三思雙陸而自爲之點籌三思與后通權歸武氏賣官鬻獄勢傾朝野駙馬都尉王同皎疾三思及后所爲三思知之使人告同皎反謀廢后五王與之同謀同皎坐斬五王亦被殺【增註】帝久罹幽辱備嘗阻險一旦得志荒淫不悛親遭武氏之難而躬自蹈之所謂下愚不移者矣　帝在廬陵時與后備嘗辛若私爲誓曰他日得見天日當惟卿所爲及是上官婉兒慧辨能文武后愛之帝拜爲婕妤三思與之通婉兒又薦之與韋后引入禁中矣先是薛季昶劉幽求等勸除武氏張柬之等曰彼机上肉何能爲及三思用事卒陷五王貶死中宗戊戌還宮乙巳復位唐室諸臣不能正罣罪上慰在天之靈下雪臣民之憤窮凶極惡僅遷上陽以老媚狐狡兔反隆以尊稱噫中宗愚懦不移而一時將相心如腐力如棉終不免受酷毒可歎也明邱濬曰武氏之罪誅不勝誅何廢之足云但中宗其所生也以義論之母雖輕于祖以恩論之子終無絕母之理惟有誅絕其宗族黨與以爲後世戒而已一時諸臣不知出此以致韋與三思公行無忌毒餅一啖慘同醉骨斯誠聚妹喜妲己褒姒南風爲一人也

重俊誅亂兵潰而終【註】韋后以太子重俊非己所生惡之三思子崇訓尚帝女安樂公主請廢太子重俊積不平與將軍李多祚將羽林兵殺三思及崇訓於其第分兵守宮斬關入索上官婉兒上登樓謂李多祚兵將曰斬反者不憂不富貴於是殺李多祚太子爲左右所殺

韋氏弑帝隆基勒營【註】安樂公主欲后臨朝以己爲皇太女后以帝怏怏於中書令宗楚客矯制殺許州參軍燕欽融以其言皇后淫亂楚客奸佞楚客矯制殺之由是后懼乃相與合謀於餅餤中進毒景隆四年六月上崩復辟在位五年廢居房州十四年立中宗子温王重茂在位數月爲相王所廢　相王旦第三子臨淄王隆基起兵討韋氏斬后及安樂公主上官婕妤收捕諸韋親

黨及宗楚客等皆斬之宰相蕭至忠等皆貶官

廢殤立睿初罷斜封【註】相王即位是爲睿宗廢重茂復爲温王立三子隆基爲太子初安樂長寧公主上官婕妤等用事降墨勅除官斜封付中書官以賄成至是罷之

【增註】建元景雲太極延和　帝因子之功在位不久無可稱者然監前代之禍立嗣以功所謂可與權矣召天台道士司馬承禎問陰陽術數曰理國猶理身陰陽術無益也順物自然而心無所私則天下理矣上曰此廣成之言　初上以宋王成器嫡長隆基有功疑不能決成器辭曰國家安則先嫡長危則先有功苟違其宜四海失望臣死不敢居平王之上劉幽求曰除天下之禍者當享天下之福平王拯社稷之危救君親之難論功語德無可疑者上從之宋王一泰伯也平王一季歷也宋王不讓則平王不儲既以平王之功而儲則不能無帝之早禪造開元數十年太平之福也

太平擅柄象先寒松【註】帝妹太平公主沉敏有權畧與太子共誅韋氏益尊重攬權憚太子英武結黨欲危之倚

上皇之勢與宰相崔湜等謀廢立又與宮人謀置毒以進上乃賜公主死湜誅　同平章事陸象先以太平公主與湜等謀廢立獨以爲不可旣以功立當以罪廢今實無罪象先獨不敢從上召象先謂曰歲寒知松柏信哉【增註】太平公主與益州長史竇懷貞結黨危太子上問韋安石對曰此太平之謀願毋惑張說曰奸人欲離間太子願早使太子監國　象先爲蒲州刺史政尚寬簡嘗謂人曰天下本無事但庸人擾之耳苟清其源何憂不治

內禪明皇五王大被【註】上卽位二年傳位太子是爲元宗明皇帝尊上爲太上皇帝卽則天孫也　帝素友愛爲長枕大被與兄弟同寢殿內設五帷與五王更處其中謂之五王帳【增註】建元先天開元天寶　開元之初勵精政治幾致太平可謂盛矣天寶以後姦臣執權豔妃亂政至於竄身失國而不悔何前後易轍也薛王業上弟也有疾上親煮藥火爇上鬚左右驚救之上曰但使飲此而愈鬚何足惜宋王成器尤恭謹上信重之故讒間無自而入宮西南置樓顏曰華蕚相輝

姚崇救時宋璟剛毅【註】紫薇令姚崇善于應變舍人齊澣謂曰公可謂救時之相矣黃門監宋璟隨材授任刑賞無私犯顏直諫寬賦平刑唐賢相前稱房杜後稱姚宋【增註】齊澣練習時務高仲舒博通典籍同爲紫薇舍人姚宋每坐二人以質所疑曰欲知古問高君欲知今問齊君可以無闕政矣璟在元宗朝第一流人物也

懷愼坐鎭蘇頲獻替【註】黃門監盧懷愼淸謹素儉以姚崇有子喪政事委積懷愼不能決入謝帝帝曰朕已委姚崇以卿坐鎭雅俗耳時謂之伴食宰相　平章蘇頲與宋璟相得璟論事則頲助之璟謂人曰吾與蘇氏父子同居相位僕射寬厚誠爲國器若獻可替否則黃門過

于其父矣

張說尙文嘉貞尙吏【註】集賢院學士專文史之任朝廷每有大事嘗遣中侍訪於張說　平章張嘉貞吏事强敏引進苗延嗣呂太乙等與論政事

儉稱李杜直推九齡【註】平章李元紘平章杜暹均以淸儉著時稱李杜相業　平章張九齡事無大細皆力爭之【增註】元宗千秋節九齡述前代興廢之原爲書五卷謂之千秋金鑑錄以獻上信李林甫武惠妃讒欲廢太子瑛九齡曰太子天子本不可輕搖昔晉獻公聽驪姬之讒殺恭世子三世大亂漢武帝信江充之誣罪戾太子京城流血晉惠帝用賈后之譖廢愍懷太子中原塗炭隋文帝納獨孤后之言黜太子勇遂失天下由此觀之不可不愼惠妃密使宮奴謂之曰有廢必有興公爲之援宰相可長處九齡叱之以其語白上上爲之動色故訖九齡罷相太子得無動後宰相每薦士上問曰風度得如九齡否乎蓋雖罷之亦知愛重九齡

韓休守正開元治平【註】平章韓休爲人峭直帝嘗引鑑默然不樂左右曰自韓休入相陛下無一日歡何不去之帝歎曰吾雖瘦天下肥矣吾用休爲社稷臣非爲身也　開元中斗粟三錢天下稱治二十七年追謚孔子爲文宣王贈弟子爲公侯伯

劉吳史筆李杜詩名【註】安州別駕劉子元初與著作郎吳兢撰則天實錄言宋璟激張說使魏元忠事後說修史見之謬曰劉五殊不相借兢起對曰此兢所爲史草具在說祈改數字兢曰若徇公此史不爲直筆何以取信於後　唐一代之詩李白杜甫爲冠同時齊名

麗正書院興慶躬耕【註】麗正書院聚文學之士或修書或侍講以同三品張說爲使　開元十九年帝躬耕於興慶宮側【增註】上種麥苑中帥太子以下親往芟之曰此所以薦宗廟不敢不親且欲使汝曹

知稼穡艱難耳　立賑饑法制曰承前飢饉皆待奏聞然後開倉道路悠遠何救懸絕自今委州縣及採訪使給訖奏聞

後相林甫口蜜腹劍【註】中書令李林甫城府深謀好以甘言啗人陰中傷之老奸巨滑無能逃其術世謂林甫口有蜜腹有劍【增註】林甫欲蔽主擅權明謂諸諫官曰今明主在上羣臣將順之不暇烏用多言諸君不見立仗馬乎食三品料一鳴輒斥去悔之何及按飛龍廐日以八馬列宮門外號南衙立仗馬帝之在藩也生太子瑛鄂王瑤光王琚及武惠妃寵傾後宮生壽王瑁太子與二王之母失寵帝有廢立意張九齡爭之事得已逆九齡去林甫因宦官言于惠妃願盡力保護壽王妃德之陰爲內助故林甫遂相尋賜太子二王死瑛之母娼也以天子而納娼優又立其子爲儲貳其輕宗廟慢神器甚矣瑛之死蓋不待惠妃李林甫之謀而輕賤不正其勢有必至者矣林甫引蕭炅爲戶部侍郎炅素不學嘗讀伏臘爲伏獵中書侍郎言於九齡曰省中豈容有伏獵侍郎

吉綱羅鉗韋王聚斂【註】李林甫與領兵部尚書李適之不睦使人發兵部銓曹奸利事收吏六十餘人付京兆京兆尹蕭炅使法曹吉温鞫之温置吏於外先取二重囚訊之號呼不忍聞吏大懼引入皆誣服頃刻獄成又有羅希奭者爲吏深刻二人皆隨林甫所欲鍛鍊成獄時謂羅鉗吉網　江淮轉運使韋堅京畿採訪使王鉷競以利進帝以其能富國厚遇之堅督江淮租稅增巨萬鉷爲戶口色役使歲貢額外錢帛百億萬

楊妃色荒國忠激變【註】初武惠妃薨後宮無當意者或言壽王妃楊氏美上見而悅之令妃以已意乞爲女官號太眞更爲壽王娶妃納楊氏於宮冊爲貴妃從兄皆拜官三姊皆封國賜第京師　討擊使安祿山討奚契丹敗績當斬執送京師上惜其才赦之宰相張九齡固爭

嘗詠不許祿山傾巧善事人厚賂上左右寵待甚渥得
出入禁中請爲貴妃兒貴妃嘗以錦綳祿山而懷之祿
山嘗與妃對食祿山生日帝賜三日洗兒錢嘗通宵不
出頗有醜聲聞于外上不疑也妃從兄釗不學無行諸
楊引之見上授兵曹參軍賜名國忠以爲司空國忠言
祿山必反上不聽因數以事激祿山欲其急反以取信
於上祿山由是決意反【增註】遂昌尹氏曰開元二十三年書冊壽王妃楊氏則爲
壽王偶已非一日明皇奪而有之亂三綱滅天理不可
立于人上矣夫衛伋妻自齊來未至于衛宣公爲臺以
要之是時國人猶且作新臺刺之烏有十年子婦可奪
之爲已有耶甚矣唐遂不爲狄所滅豈非幸歟　妃姊
封秦韓虢夫人與弟銛錡號五家幸華淸宮五色車騎
皆從家别爲隊隊各一色幾而五家合爛若萬花川谷
都成錦繡遊月宮見素娥十數輩服霓裳羽衣舞月下
乃製曲舞于梨園妃嗜生荔支上爲走蜀閩疾致之色
味依然未變　九齡謂祿山罪當誅且貌有反相必爲
後患帝不聽及後幸蜀思九齡先見遣人至曲江祭其

墓　攷祿山本姓康其母阿史德爲巫禱于軋犖山及
產有光照穹廬遂名軋犖山後再適安延偃因更今名
李林甫善揣人意每與祿山語必迎剖其端祿山駭雖
甚寒時必流汗呼林甫爲十郎每奏事還先問十郎謂
何如有好言則喜若言大夫好檢校則反手據床曰吾
且死伶人李龜年每爲帝學之帝輒大笑見上先拜貴
妃帝問故曰胡人先母而後父晚益肥乘驛入朝半塗
必易馬號大夫換馬臺不爾馬輒仆步履若牽挽及作
胡旋舞上前又捷疾如飛爲起第戒必極侈曰祿山眼
孔大毋令笑朕後反范陽僭稱雄武皇帝國號大燕河
北諸郡皆附上曰二十四郡曾無義士耶遂出幸蜀迨
肅宗監國郭李收復兩京時上皇至咸陽備法駕迎于
望賢宮樓上着紫望樓下馬趨進舞蹈上皇降樓撫上
泣索黃袍自爲上着之上伏地辭上皇曰天下人心歸
汝使朕得保餘年汝之孝也乃受

安反范陽兩京皆陷

【註】天寶十四年范陽反祿山本營州
雜羌母再適安氏冒其姓體肥腹垂過膝外若痴直內
實狡黠帝嘗戲指其腹曰此中何所有對曰惟有赤心
耳帝悅拜御史大夫賜爵東平王兼河東范陽節度使

欲俟帝宴駕後作亂爲國忠所激遂反時承平日久民不知兵遠近震駭祿山遂陷東京賊將孫孝哲陷長安

范陽今順天府東京今河南府西京今陝西西安府

肅宗監國靈武收兵 註 上出奔蜀至馬嵬六軍不發衆殺國忠楊妃縊死父老遮道請留太子東討賊許之太子亭至靈武河西司馬裴冕等五上牋請即位從之是爲肅宗　靈武故城今寧夏府城南 增註 建元曰至德乾元上元寶應

帝以元子救兵靈武反旆而東不失舊物可謂能矣然愛張良娣任李輔國殺太子遷上皇節度由軍士廢立何多失德也

一時殉義盧奕李憕 註 時起兵討賊死者東京守李憕御史中丞盧奕賊陷東京爲其所殺

睢陽張許常山杲卿 註 眞源令張巡起兵雍邱討賊賊寇

睢陽太守許遠告急於巡巡引兵與遠合拒却之後復寇睢陽城陷張許被殺　常山太守顏杲卿起兵討賊爲賊將史思明執送洛陽罵賊不屈爲祿山所冎贈太子太保諡忠節　割肉至骨爲冎 增註 城中食盡殺妾亨士賀蘭進明擁兵不救巡遠並南霽雲雷萬春等三十六人皆死之追張鎬兵至城陷已三日矣歐陽修曰巡遠可謂烈丈夫矣以疲卒數萬嬰孤墉抗方張不制之虜鯁其喉牙使不得搏食東南牽制首尾大小數百戰雖力盡乃死而唐得全江淮財用以濟中興引利償害以百易萬可矣巡先死不爲遽遠後死不爲屈巡死三日而救至十日而賊亡天以完節付二人畀名無窮不待留生而後顯也

待刃甄濟被鋸張興 註 奏掌書記甄濟察祿山有異志詐得風疾舁歸家及祿山反使蔡希德封刃召之濟引首待刃希德以實病白祿山乃免後官軍平東京授濟爲秘書郎　饒陽裨將張興與賊將史思明來陷擒興欲降

之與勸其棄賊歸正思明鋸殺之【增註】思明本名窣干亦張守珪將與祿山同里閈入京奏事帝悅之賜名思明

侍謀李泌倡義眞卿【註】京兆李泌字長源封鄴侯與太子爲布衣交隱穎陽帝自馬嵬北行遣使召之謁見靈武事無大小皆咨之欲以爲右相泌不受以爲侍謀軍國元帥平原太守顔眞卿起兵討賊諸郡多應者共推眞卿爲盟主

子儀光弼克復二京【註】以郭子儀李光弼並同平章事至德二載收復東西二京祿山爲其子慶緒所殺賊將史思明降乾元元年思明復反以光弼爲朔方兵馬元帥大敗之上元元年思明爲其子朝義所殺

寵任輔國讒殺建寧【註】太僕卿李輔國依附張淑妃勢傾朝野建寧王倓數於帝前詆其罪惡二人譖倓謀害廣平王俶上賜倓死【增註】良娣本淑妃帝寵之立爲后唐宦官之盛自元宗始衣紫緋者千餘其作帥自高力士楊思勖二人始輔國矯旨遷上皇于西內初上在彭原廨舍隘狹與張良娣博打子聲聞于外李泌言諸軍奏報停壅華陽范氏曰明皇播遷于蜀肅宗越在草莽此正痛心嘗胆之時也乃於軍旅之中與婦人嬉戲豈非以位爲樂乎胡致堂曰肅宗爲太子厄於林甫二十年親見其父惑於宦女聽讒殺子曾不知戒方在播越已襲危亡之迹其所以克取舊物得非天未厭唐而忠賢是穀乎不然無自而有興復之理也午日山人李唐見帝抱幼女曰朕念之卿勿怪對曰太上皇思見陛下亦由陛下之念公主上泫然然畏張后終不敢詣西內

朝恩處置相州潰兵【註】命中書令郭子儀侍中李光弼統九節度討安慶緒以兩人皆元勳難相統屬不置元帥但以宦者魚朝恩爲觀軍容宣慰處置使官軍無統九節度之兵潰於相州初張后與李輔國專制朝政晩有

隙上疾篤后與越王係謀誅輔國內射生使程元振知之密告輔國遂收係及后殺之代宗陰使人刺殺輔國帝在位七年崩太子俶立是爲代宗 相州今河南彰德府 內射生始以宦官領射生手足也 增註 建元廣德永泰大歷 帝平亂守成足爲中材之主然藩鎭陸梁上陵下替養成亂階唐之紀綱大壞不可復振則肅代爲之也 朝恩發郭子儀祖墓儀不之究後又邀遊章敬寺元載恐其相結密告曰朝恩謀不利於公其下請衷甲從不聽以家僕十數往晤朝恩驚問故儀以告朝恩流涕曰非公長者能無疑乎

代宗姑息節度擅立懷僊盧龍寶臣成德薛嵩相邢田嗣魏博 註 代宗立以賊將李懷仙殺史朝義來降賊將張忠志以恒趙深定易五州降於兵馬使辛雲京賊將田承嗣以莫州降帝大喜以懷仙仍故地爲盧龍節度使賜張忠志姓名爲李寶臣以爲成德軍節度使以薛嵩爲相衞邢洺貝磁六州節度使以田承嗣爲魏博德滄瀛五州都防禦使一時之姑息擅立河北諸鎭盡屬賊將藩鎭之盛自代宗開 增註 平盧節度使王元志死帝遣使往慰曰視軍士所欲立者授以旌節節度由軍士廢立自此始

再召吐蕃懷恩肆虐向非郭公回紇誰却 註 河北副元帥僕固懷恩戰功無比爲人搆陷遂稱兵反誘回紇吐蕃數萬入寇詔郭子儀鎭奉天子儀曰今衆寡不敵難以力勝況吐蕃盡取河西隴右地因兵出藍田吐蕃驚駭悉衆遁去此代宗廣德元年事也至永泰元年僕固懷恩再誘回紇西羌入寇而懷恩適道死回紇吐蕃兩不相睦子儀使牙將李光瓚說回紇共擊吐蕃回紇不信曰郭公可得見乎光瓚還報子儀曰昔與回紇契約甚

厚挺身說之可不戰而下也其子晞諫曰大人國之元帥奈何以身輕入子儀不聽與數十騎出使人傳呼曰令公來回紇大驚子儀責以負恩助叛回紇請擊吐蕃以謝過與之誓約而還吐蕃聞之遁回紇追擊破之【增】

【註】胡致堂曰儀之德之才可以兼任將相乃置之閒處及有急難又遽委用之代宗於閹尹之言受命如響進退子儀如待奴隸自李光弼以下恃功負氣夫豈堪此獨子儀無纖芥於胸中一聞君命不俟駕行蹈危履險生死以之其忠義精誠仰貫日月而度量宏偉無所不包眞可以爲人臣之師表矣又曰孔子曰言忠信行篤敬雖蠻貊之邦行矣子儀單騎見虜非惟虜不加害又聽其言講解而去賢于數十萬衆力擊鏖戰之功惟忠信足以感動之而已然忠信非可一日致也積之既久行之既著名發於實而效見乎遠則其聲容笑貌亦將有孚於人此回紇諸酋所以釋兵下馬而拜者也夫豈可僞說而僥倖哉易曰師貞丈人吉子儀其庶幾焉其子曖尙昇平公主嘗與爭言曖曰汝以乃父爲天子耶吾父薄天子而不爲公主奏之子儀囚曖入待罪上曰諺有之不痴不聾不爲姑翁兒女閨房之言何足聽也　胡致堂曰史稱子儀身係安危者殆三十年功蓋天下而主不疑位極人臣而衆不疾窮奢極欲而人不非之年八十而終此漢唐以來將相所難者子儀以何道處之而能此惟挾忠信安義命而已

劉晏運漕裴諝謝權【註】自喪亂以來漕運迂塞尙書劉晏疏浚汴水每歲運米數千萬石給關中唐世稱漕運之能推晏爲首後來者皆遵其法度　河東租庸使裴諝入奏事帝問榷酤之利歲入幾何諝不對復問對曰臣以陛下見臣必先問人之疾苦乃責臣以營利帝謝之拜左司郎中

三宦雖除禍源猶在【註】天下觀軍容宣慰處置使魚朝恩專典禁兵每奏事以必允爲期元載奏其不軌帝令元載謀殺之博陸王李輔國用事帝心不平及嗣位以其弑張后殺越王不欲顯誅之夜遣盜入其室竊輔國首

及一臂而去驃騎大將軍程元振人咸畏其專恣太常博士柳伉劾奏之帝以元振嘗有保護功削官爵放歸田里後流溱州三宦既除猶有平章如元載王縉等俱納賄賂竊國

晩相楊常衮除元載【註】十二年以楊綰常衮同平章事綰性儉素制下之日朝野相賀自元載王縉秉政賄賂公行衮爲相革其弊但無所甄別賢愚同滯有告元載等夜醮圖不軌者帝令吏部尚書劉晏御史大夫李涵等鞫之伏罪帝誅元載籍其家胡椒至八百石他物稱是帝在位十七年崩太子适立是爲德宗【增註】建元曰建中興元貞元 帝徵李泌至後謂之曰元載不容卿朕今匿卿於江西乃以爲江西判官 綰請停道舉科令縣取行著鄉國知經術者薦於州考試升省仍試經義二十條對策三道後爲庸人所沮隴右節度朱泚獻貓鼠同乳以爲瑞常衮率百官賀中書舍人崔祐甫曰反常乃物妖也 祐甫字貽孫萬年人

德宗初年求治心銳【註】帝初立勵精爲治詔罷四方貢獻減常貢錦千匹服玩數千事罷榷酒縱馴象出宮女中外大悅【增註】帝於忠臣賢士之言百不從一而於小人之言聽受如響凡所以再致播遷皆其自取之耳 帝猜忌刻薄以强明自任恥見屈於正論而忘受欺於奸諛用盧杞趙贊以至於敗

初任楊炎遂作兩稅【註】平章楊炎亦元載者流帝寵任之建中元年建議作兩稅法令見在處所州縣稅夏秋兩徵之夏輸無過六月秋輸無過十一月置兩稅使總之【增註】炎字公南鳳翔天興人時劉晏善理財炎以私怨貶之死天下冤之 兩稅租庸調之法以人丁爲本開元以後戶籍久不更造丁口轉死田畝賣易貧富升降不實其後侈無節而盜賊兵興財用益屈法遂弊壞代宗時始以畝定稅而斂以夏秋至是遂作兩稅法夏輸無過六月秋輸無過十一月置兩稅以總之量出制入戶無客主以居者爲簿人無丁中以貧富爲差其租庸調雜徭悉省議者以爲高祖太宗之法不可輕改

而帝方信用炎不疑也

盧杞姦邪諸藩叛背【註】平章盧杞貌醜色藍有口辨帝悅之杞嘗往問郭令公子儀悉屏左右侍妾衆問故令公曰杞貌陋而心險婦人輩見之必笑他日得志吾族無遺類矣自杞入相二年藩鎭田悅于建中舉兵寇邢洺稱魏王朱滔自稱冀王王武俊稱趙王李納稱齊王皆僭位叛逆【增註】帝謂李泌曰人言杞姦邪朕殊不覺泌曰此杞之所以爲姦也若陛下覺之豈有建中之亂帝曰建中之亂術士預請城奉天此蓋天命非杞所致泌曰天命他人皆可言之惟君相不可言君相造命者也若言命則禮樂刑政俱無所用之矣及李懷光數上表言杞罪惡帝不得已貶遶州司馬後欲用爲饒州刺史袁高陳京等諫乃以爲澧州別駕

間架陌錢括商就櫃【註】判度支趙贊奏行稅間架法每屋兩架爲間上屋稅錢二千中千下五百匿一間者杖六

十遣近愁怨 兩河用兵府庫不支乃括富商出錢者借其餘以供軍長安囂然如被寇盜又括僦櫃質錢計所得才八十餘萬緡凡蓄積錢帛粟麥者皆借四分之一封其櫃窖計并借商所得才二百萬緡【增註】淄青節度李正己詐獻錢卅萬崔祐甫請遣使慰勞將士以示不重財貨正己大慚服 李鷁進慶雲圖卻之

泚亂長安段秀擊賊【註】盧龍節度朱泚據長安反自稱大秦皇帝國號漢司農卿段秀實謀誅之唾泚面大罵之以象笏擊泚中其額濺血灑地爲泚黨所殺泚亂一年其將韓旻殺而獻之

希烈淮西魯公問勑【註】淮西節度李希烈反稱帝國號楚凡四年其將陳仙奇殺之 顔眞卿與盧杞不睦李希烈陷汝州帝問計於杞杞薦顔眞卿三世舊臣忠直剛

決帝遣眞卿宣慰希烈詔下舉朝失色眞卿乘驛至東
都留守鄭叔則請少留眞卿曰君命也遂行與子書但
勅以奉家廟撫諸姑而已至許欲宣詔旨希烈使養子
拔刀擬之眞卿顏色不變叱之後爲其所殺 增註 朱滔日都
統將稱大號而太師適至是天以宰相賜都統也眞卿
叱之日汝等知有禄山而死之顏杲卿乎乃吾兄
也吾年八十知守節而
死耳豈受汝曹誘脅耶

撫馭失宜懷光變節

註 帝撫御多不得當朱泚圍帝奉天
太尉李懷光引兵解圍欲見帝言盧杞奸邪不得入怨
望遂反帝奔梁州馬燧討之懷光縊死 增註 懷光與朱
泚通謀其
養子石演芬遣客詣行在告變懷光責之日我以爾爲
子何負我演芬日天子以太尉爲股肱太尉以演芬爲
心腹太尉既負天子演芬安得不負太尉我胡人
不能異心惟知事一人苟免賊名而死死甘心矣

李晟渾瑊克定京邑

註 平章李晟渾瑊等收復京城鐘簴

不移廟貌如故 增註 晟以孤軍處朱泚懷光二寇之間
惟以忠義激發將士故衆雖弱卒
得收復京城露布上書行在帝泣曰天生李晟以爲社
稷非爲朕也封爲西平王胡致堂曰晟非直將實賢相
也凡上有所顧問極言無隱而性沈密退未嘗泄於人
德宗置之間處七年而死向使陪侍廟堂參斷國政至
於七年其裨
益豈淺鮮哉

燧平河中滉安江浙

註 侍中馬燧討李懷光敗之於陶城
又敗之長春宮燧率諸軍至河西河中軍士皆易其號
爲太平字懷光縊死河中悉平封燧爲北平莊武王
平章韓滉久在兩浙所辟僚佐各隨所長

陸贄精忠柳渾料敵

註 上居艱難中小大之事必與平章
陸贄謀之 字敬輿 贄數直諫上雖面從而心頗不悅贄嘗
曰吾上不負天子下不負所學請上均節財賦凡六條
爲司農少卿裴延齡所譖貶忠州別駕 吐蕃請盟以

平章渾瑊爲會盟使盟於平涼鹵劫盟瑊馳馬走免是日上謂諸臣曰今日和戎息兵社稷之福平章柳渾曰戎狄豺狼非盟誓可結今日之事臣竊憂之上變色曰書生不知邊計至夕劫盟奏至鹵兵臨近鎭上驚謂渾曰卿書生乃能料敵增註瑊位極人臣貢物必親閱視受賜如在上前奏事或不允輒喜曰朝廷不疑我也

廢陸相裴陽城伏閤註帝以裴延齡譖罷陸贄平章事爲太子賓客貶忠州朝夕將相裴延齡諫議大夫陽城曰脫以延齡爲相當取白麻壞之因慟哭於庭率拾遺王仲舒補闕熊執易崔邠等守延英門上疏論延齡奸邪贄等無罪帝怒太子爲營救乃解金吾將軍張萬福武一人年八十餘聞諫官伏閤往賀曰朝廷有直臣天下必太平矣遂徧拜陽城等帝以城爲妄改國子司業帝在位二十五年崩太子誦立是爲順宗建元永貞追陸贄陽城至京師未至卒增註唐制封王拜相用白麻紙寫制城又貶道州刺史治民如治家賦稅不登觀察使數加誚讓城自署其考曰撫字心勞催科政拙考下下順宗立追陸贄陽城等至京未至卒

順宗東宮多所匡益註順宗爲太子時留心藝術從幸奉天朱泚逼迫乘機拒戰德宗時權歸宰相人不敢言帝從容論諍每多敷奏未嘗以顏色假借宦官居儲二十年天下陰受其福增註帝常侍宴魚藻宮張水嬉綵服雕靡宮人引舟爲櫂歌絲竹間發德宗樂甚上引詩人好樂無荒爲對卽位後卽罷五坊雕坊鶻坊鷂坊鷹坊狗坊也閑廄使押之以供時狩者

鄭侯調護卽位嬰疾註肅宗女郜國公主下嫁蕭升其女爲太子妃或告主淫亂且爲厭禱上怒幽之切責太子

太子懼請離昏上召李泌告之且欲立舒王誼泌曰陛下惟有一子奈何欲廢之而立姪陛下不記建寧之事乎其時先帝亦懷危懼臣言於肅宗曰昔天后有四子長曰太子宏天后方圖稱制酖殺之立次子賢賢內憂懼作黃臺瓜詞肅宗乃悔而泣今太子未嘗接外人預外事安得有異謀況但以妻母爲累乎上悔太子乃安

及卽位以風疾失音不能決事【增註】帝不幸痞疾奸邪肆志而能委政冢嗣以安社稷亦足爲賢矣

黨附叔文宗元禹錫【註】上嬰疾政在二王八司馬初王伾善書王叔文善碁俱出入東宮娛侍太子叔文詭譎與伾相依附密結學士韋執誼及朝士有名而求速進者於是韓華柳宗元劉禹錫等定爲死交帝既立以伾爲散騎常侍叔文爲翰林學士執誼同平章事華宗元等互相推獎榮辱進退惟其所欲有杜黃裳韋皐請太子監國

傳政憲宗剛明果毅【註】帝在位一年秋七月詔太子純監國尋傳位是爲憲宗建元元和上自號太上皇伾貶開州司馬叔文渝州司戶未幾伾病死叔文賜死貶執誼崖州司戶韓泰韓華柳宗元劉禹錫諸州司馬【增註】帝剛明果斷志平僭叛唐室幾于復振晩節任用非人惜哉

賢相黃裳李藩裴垍【註】上與宰相論治道於延英殿日旰宰相恐上體倦求退上曰朕入禁中所與處者宦官宮人故樂與卿等共談爲理之要不知倦也　三人皆一時同平章事稱賢相上嘗以旱出宮人蠲租稅絶進奉

增註 藩字叔翰趙州人官門下侍郎上問神仙長生事藩知帝有所惑極諫荒誕不可信 垍器局峻整人不敢干以私執政惡諫官言時政得失垍獨賞之藩爲給事中制勅有不可者即于黃紙後批之吏請更連素紙藩曰如此乃狀也何名批勅垍薦藩有宰相器遂同平章事胡致堂曰裴垍賞論事諫官喜批勅給事此爲宰相所難能垍何以能爾觀其告憲宗曰治理之要先正其心則知垍之方寸不爲利回不爲義疚矣

元衡死忠吉甫國計 註 平章武元衡以贊帝誅吳元濟淄青節度使李師道客曰天子之所以銳意誅蔡者元衡贊之也請密刺之元衡昧旦入朝爲所刺取其顱骨以去 平章李吉甫以元和二年上元和國計簿大率二戸資一兵水旱所傷不在數戸稅比天寶時四分減三兵給比天寶時三分增一 增註 帝問崔羣曰元宗之政先理而後亂何也羣曰元宗用姚崇宋璟盧懷慎蘇頲韓休張九齡則理用宇文融李林甫楊國忠則亂人皆以天寶十四年安祿山反爲亂之始臣以爲開元二十四年罷張九齡相專任李林甫此理亂之分也皇甫鎛李逢吉深恨之華陽范氏曰羣之言豈徒有激而云哉蓋至言也

李絳裴度安危身繫 註 平章李絳裴度皆有匡濟才 增註 上問絳人言外間朋黨太盛對曰自古人君所甚惡者莫如朋黨故小人譖君子者必曰朋黨蓋言之則可惡尋之則無跡以此目之則天下之賢人君子無能免者此東漢之所以亡也願陛下深察之夫君子固與君子合豈可必使之與小人合然後謂之非黨耶 度在政府左右忽白失中書印聞者失色度飲酒自如頃復白得之度亦不應或問其故度曰此必吏人盜之以印書券耳急之則投諸火水緩之則復還故處人服其識量度身貌不踰中人而威望達四夷以身繫國家輕重如郭子儀者二十餘年度死家人得其半稿以儲嗣未定爲憂言不及私

始命崇文克平蜀地 註 西川節度副使劉闢反命神策行營節度使高崇文討之遂克成都擒劉闢送京師斬之 增註 闢字太初佐韋臯府臯卒求代爲節鉞許之又求兼領三州不許遂反

李錡既誅田興首義 註 鎮海節度使李錡反淄川王孝同五世孫兵

馬使張子良執送京師斬之魏博節度使田季安卒子懷諫年十一幼弱立爲副大使知軍務兵馬使田興請吏奉貢獻遂以興爲節度使賜名弘正魏博五十餘年不霑皇化自興始貢賦河南北三十餘州盡歸朝廷約束藩鎮不敢跋扈實由興倡義始【增註】上遣張忠順宣慰以觀其變李絳上言曰朝廷恩威得失在此一舉時機可惜奈何棄之計忠順之行甫應過陝乞明旦即降白麻除興節度使猶可及也從之忠順未還制命已至絳又言魏博五十年不沾皇化一旦來歸請發內庫錢百五十萬緡賜軍卒以爲四方勸於是魏博軍民懽聲如雷成德兗鄆使者數輩見之相顧失色歎曰倔强者果何益乎華陽范氏曰憲宗可謂知所取予能用善謀矣　興有勇力頗讀書性恭遜

李愬光顏遂擒元濟【註】彰義節度使吳少陽卒其子元濟匿喪自領軍務尋反縱兵侵掠發兵討之四年不克唐鄧節度使李愬及檢校官李光顏奉詔書切責諸將久無功李愬乃夜襲蔡州雪夜擒元濟檻送京師斬之【增註】愬儉于奉己而豐於待士知賢不疑見可能斷此其所以成功也賜爵梁國公愬奏請判官大將以下官凡百五十員上曰愬誠有奇功然奏請過多使如李晟渾瑊又何如哉遂留中不下　丁南湖曰愬有不可及者二夫忌敵者恒情也彼獨厚結降將李祐以圖其爭成功者常態也彼獨拜迎士帥裴度以敦其讓蓋李晟乃仁義之將而愬其子故家法流傳如此況愬之籌略尤有克肖乃父者乎　淮西都統韓弘不欲賊速平遺一美人於光顏光顏乃大饗將士謂使者曰戰士數萬皆棄家遠來冒白刃光顏何忍以聲色自娛因流涕坐者皆泣乃即席厚贈使者并妓返之曰爲光顏多謝相公光顏以身許國誓不與逆賊同戴日月死無貳矣初裴度稱之曰光顏勇而知義必能立功上以度爲知人

師道旋亡承宗請吏【註】淄青節度使李師道聞元濟平懼承德節度使王承宗亦懼各奉表自贖既而師道表言軍情不願納質上發兵討之平盧都將劉悟執師道斬之王承宗納二子爲質請官吏復獻二州詔復其官爵

增註 淮西之亂師道隱爲元濟聲援焚河陰轉漕院又伏兵東都謀焚宮闕

奈迎佛骨韓愈屏棄 註 遣中使迎佛骨至京師刑部侍郎韓愈表諫貶潮州刺史 增註 後爲京兆尹六軍不敢犯法私相告語曰是尙欲燒佛骨何可犯也 後爲兵部侍郎使愈宣慰王庭湊軍詔愈至境勿遽入愈曰止軍之仁死臣之義遂往遂昌尹氏曰宣慰之行殆與顏眞卿無異而偶得免死者亦幸焉耳觀其詰責庭湊之詞簡嚴切直至今猶有生氣其忠梗大節如此而世或以文士視之則非矣

復貶裴潾金丹自斃 註 上好神仙山人柳泌云能合長生藥天台多靈藥乃以泌爲台州刺史帝服其藥日加燥渴起居舍人裴潾表諫貶江陵令上服金丹多暴怒左右宦官往往獲罪至死元和十五年暴崩於中和殿人皆言內常侍陳宏志弑逆其黨諱之中尉梁守謙與宦官王守澄等立憲宗第三子恆是爲穆宗 建元長慶 憲宗在位十五年 增註 泌本姓名楊仁晝宗正卿李道古因皇甫鎛薦泌 表言曰借令眞有仙必深潛岩壑惟畏人知豈肯伺候權貴之門以大言自衒奇技哉夫藥以愈疾非旦夕常餌之物況金石酷烈又益以火氣殆非五臟所能勝也古者君飮藥臣先嘗之乞令獻藥者先餌一年眞僞可辨矣上怒貶潾 唐時宦官弑君立君始此

穆宗蒙業牛李相傾 註 平章李逢吉牛僧孺用事怨望日深 增註 帝蒙已成之業而不能保由是再失河朔迄於唐亡不能復振矣 僧孺字思黯涇州進士對策陳時政譏切吉甫吉甫李德裕父也故忌之相傾垂四十年後文宗曰去河北賊易去朝中朋黨難信哉

河朔再失不可復興 註 盧龍軍亂囚節度使張弘靖推朱克融爲留後成德兵馬使王庭湊殺節度使田興詔起田布爲魏博節度使與諸道合兵討之庭湊圍深冀節度使牛元翼於深州官軍三面圍之成德軍掠其糧運諸軍之糧不得進會魏博牙將史憲誠逼田布令自殺

朝廷不能討遂并克融庭湊授以節鉞由是再失河朔迄於唐亡不能復取上餌金丹之藥疾作宦官欲請郭太后臨朝不許取制書手裂之上崩在位四年太子湛立是爲敬宗【增註】建元寶歷 上疾作命太子監國郭太后曰昔武氏稱制幾危社稷太子雖少得賢相輔之卿等勿預朝政何患國家不安自古豈有女子主天下而能致唐虞之理乎太后郭曖女也

敬宗比匪德裕六箴【註】上初立數游晏擊毬奏樂賞賜宦官宮人不可悉記宰相李逢吉用事性奸佞險結王守澄爲奧援肆無所憚所親厚者張又新李訓劉棲楚李續張權輿李虞程昔範姜治等八人傅會者又八人皆任要劇時人目爲八關十六子 言有人求請先賂關子後達逢吉無不得所欲 浙西觀察使李德裕獻丹扆六箴曰宵衣正服罷獻納誨辨邪防微【增註】帝昏童失德自隕其身宜哉 上欲幸驪山溫湯拾遺張權輿伏紫宸殿下叩頭曰昔周幽王幸驪山而爲犬戎所殺秦始皇幸驪山而國亡元宗幸驪山而祿山亂先帝幸驪山而享年不長上曰驪山若此之凶耶我宜一往以驗彼言還謂左右曰彼叩頭者之言果足信哉 宵衣諷上視朝稀晚正服諷上服御乖異罷獻諷上徵求玩好納誨諷上侮棄讜言辨邪諷上信任羣小防微諷上輕出遊幸

克明弒帝守澄立文【註】上狎暱羣小性復褊急宦官小過動遭捶撻皆怨懼上夜與宦官劉克明擊毬軍將蘇佐明等飲酒酣殿上燭滅佐明等弒帝克明矯遺制以憲宗子絳王悟權勾當軍國事樞密使王守澄等迎穆宗第二子江王涵入發兵討賊黨盡誅之悟爲亂兵所殺涵即位更名昂是爲文宗【增註】建元曰太和開成

罪言杜牧直言劉蕡【註】侍御史杜牧憤河朔三鎮桀驁議者專事姑息乃作書名曰罪言謂不當位而言也又傷

府兵廢壞作原十六衛　元和末宦官日横帝親策制舉人賢良方正昌平劉蕡對策極言其禍竟下第物論囂然曰劉蕡下第吾輩登科能無厚顔李郃願乞回所授以旌蕡直不報蕡終使府御史〔增註〕帝優柔不斷受制家奴雖有好賢之心文雅之美皆不足稱也　自憲宗以後入君無一非宦官所立生死在其掌握唐之亡不宜盡責藩鎮矣文宗酖死王守澄杖死陳宏志二事大快人心對宰相於延英漏下十一刻不退蓋深恨兩朝之弊勤慎儉約聦爲庸君耳上嘗舉衫袖示中書柳公權曰朕此衣已三澣矣　蕡字去華昌平人策畧曰忠賢無腹心之寄閽寺擅廢立之權陷先君不得正其終致陛下不得正其始何不塞陰邪之路復門戶掃除之役考官馮宿等歎服畏宦官不敢取

維州失策甘露變生〔註〕吐蕃將悉怛謀以維州來降西川節度使李德裕遣兵據其城卽具奏事下尚書省集議皆如德裕策獨平章牛僧儒執不可帝從其言詔德裕以其城及悉怛謀等歸吐蕃維州乃唐之故壤吐蕃盜得之失祖宗之境土貽子孫之深恥　翰林學士李訓平章鄭注等謀誅宦官適有奏稱左右金吾廳事後石榴夜有甘露帝命中尉仇士良等往視至左仗風吹幕起見執兵者甚衆士良驚走詣上告變金吾兵登殿縱殺宦官士良等命禁兵殺訓注等及金吾吏卒與民販負在中者數千餘人　太子永好游讌楊賢妃日夜毀之永卒妃請立皇弟安王溶爲嗣上立敬宗少子陳王成美爲太子上疾甚仇士良以太子立功不在已矯詔立穆宗子潁王瀍爲太弟廢太子爲陳王上崩在位十四年士良說太弟賜成美及楊妃安王死太弟卽位是爲武宗後更名炎〔增註〕建元會昌　仇士良請以開府蔭其子爲千牛給事中判云開

府階誠宜蔭子謁者監何曰有兒士良慚恚李中敏判也帝自甘露之變忽忽不樂問學士周墀曰朕可方前代何主對曰陛下堯舜之君也帝曰朕何敢望堯舜但問如周赧漢獻否耳墀驚曰彼亡國之君何以方聖德帝曰赧獻受制于强臣今朕受制于家奴由此言之殆不如也因而泣下自是不復視朝訓本李逢吉黨在八關十六子之中注本醫生巧譎傾諂善揣人意宦者王守澄薦之上大悅注舉李款自代表曰加至之罪雖於理而無辜在款之誠乃事君而盡節人皆哂之辜陽范氏曰文宗疾宦官之弒逆當擇賢相而任之賞罰之柄出於人主執其元凶付之有司正典刑而已矣乃與訓注等爲詭計不以有罪無罪皆夷滅之召外寇以正內寇是以一敗塗地幾亡社稷蓋由用小人以去小人未有不害及家國者也

武宗敏達澤潞克平衛公秉軸三鎮同心【註】帝明敏特達信任賢能鎮南節度使李德裕有經濟畧拜爲平章言聽計從昭義節度使劉從諫卒其子稹自爲留後德裕言澤潞事體與河朔三鎮不同請詔諸道討之後稹之謀主郭誼殺稹來降德裕言於帝曰劉稹抗命皆誼之謀今賣稹以求賞不殺之無以懲惡命斬之德裕復面諭三鎮由是三鎮不敢有異志上餌方士金丹有疾及篤旬日不能言諸宦官定策立憲宗子光王怡爲皇太弟更名忱上崩在位六年太弟即位是爲宣宗建元大中

三鎮者成德魏博盧龍【增註】帝英敏特達委在李德裕而澤潞平三鎮不敢有異志享國不永功業未竟惜哉 帝雖士良所立心忌之漸去其黨士良致仕教其黨曰天子不可令閒宜以奢靡娛其心日使日新月異無暇更及他事然後吾輩可以得志愼勿使之讀書親近儒士彼見前代興亡知所憂懼則吾輩疏斥矣未幾削士良官爵籍其家 江南有聖水可愈疾斗三十千德裕言曰吳有聖水齊有聖人皆妖祥也請塡塞以絕妖源從之 御史中丞李回至鎮節度使皆具橐鞬郊迎近世以來所未有也 築望仙觀以道士趙歸眞爲道門教授先生德裕諫曰眞爲敬宗罪人不宜親近上曰宮中無事聊以談道滌煩耳至政事仍問卿等帝毅然去浮屠髮天下之髡不泰爲武但信趙歸眞劉元靜教服金丹毒發猶以爲換仙骨則好所好之異端與惡所惡之異端又何以辨

宣宗明察政要書屏【註】上恭敬愛民書貞觀政要于屏風每正色拱手讀之人謂之小太宗【增註】帝精于聽斷以察爲明無復仁恩自是而唐衰矣

禁廷頒牧州縣處分【註】党項復擾邊上擇帥而難其人與翰林畢誠論邊事誠援古據今具陳方畧帝悅曰不意頗牧近在禁廷卿其爲朕行誠奉命諭党項降之　九年詔州縣作差科簿　帝餌方士藥疽發于背宰相不得見密以第三子夔王滋屬宦官王歸長等輔立之上崩在位十三年中尉王宗實殺歸長立長子鄆王温更名漼是爲懿宗【增註】建元咸通　上嘗問制庵之法或曰與外議恐有變不如就中謀之上曰朕已試之彼纔着紫衣卽與爲一矣又密令韋澳纂次州縣境土風物利害號曰處分語一日鄧州刺史薛宏宗入謝出謂澳曰上處分本州事驚人范祖禹曰上抉摘細微乃縣令才雖有處分無益治道也

懿宗驕奢僖宗幼齡【註】帝性奢侈愛女同昌公主適平章韋保衡專恣賂遺勢傾朝野時人目爲牛頭黨初適時帝傾宮中珍玩以資送公主尋卒葬時服玩每物百二十輿珠玉錦繡煇煥三十餘里帝在位十四年崩中尉劉行深等立上少子晉王儼更名儇是爲僖宗時年十二【增註】帝驕奢無度淫樂不悛李氏之亡於茲決矣帝奉佛置戒壇度僧尼佛骨至京帝降樓膜拜流涕沾臆有言憲宗迎佛骨尋晏駕者上曰朕得見佛骨死亦無恨　建元曰乾符文德中和光啓昏庸相繼禍亂相仍民愁盜起不可復支矣

令孜阿父僊芝之亂興【註】上爲晉王時小馬坊使田令孜有寵及卽位擢爲中尉　濮州人王僊芝作亂宛勾人黃巢嘗與仙芝販私鹽聚衆以應縱兵屠殺流血成川遂陷長安令孜奉帝奔興元【增註】胡致堂曰唐自開皇以來尊寵宦者德宗始委

以禁兵文宗以後天子由其所立其末流遂至如此夫國之興也未有不由親賢及其衰也猶以小人取敗況祖宗所任不正則後世必有甚焉者矣若僖宗者又何責焉　時宦者多閹人觀察使杜萱猷每寒食祭各奄先墓時謂之勑使墓戶陝州觀察使崔蕘以器韻自矜民訴旱蕘指庭前樹曰此尚有葉何旱之有杖之民怒逐蕘蕘走渴求飲民以溺飲之

孟侯死諫鄭畋合兵【註】左拾遺孟昭圖以上日夕與宦者議天下事上疏極諫田令孜不奏矯詔貶嘉州司戶遣人沈於蟇頤津左拾遺侯昌業以帝精技藝善擊毬荒于遊嬉呼田令孜為阿父亦上疏切諫帝怒賜死　黃巢陷東都入長安稱大齊皇帝僭元金統鳳翔節度使鄭畋合鄰道兵討之傳檄天下合兵討賊【增註】上謂優人石野豬曰朕若應擊毬進士舉須為狀元對曰若遇堯舜為禮部侍郎恐陛下未免駁放上笑而已　時劉巨破黃巢于荆門或勸之窮追曰國家善負人不若留賊以為富貴之資

克用殉國黃巢西平【註】河中節度使王重榮以黃巢兵強謀于都監楊復光楊曰鴈門李僕射素有殉國之志若召之來賊不足平乃以墨勑召克用將沙陀兵趣河中與黃巢戰一日三捷復收長安克用一目眇時謂之獨眼龍巢尋為尚讓敗于瑕丘賊黨時溥斬巢降遣使獻巢首於御樓并其姬妾數十人上還長安疾篤中尉楊復恭請立皇弟壽王傑為太弟中尉劉季述迎傑入居少陽院上崩在位十五年太弟傑立更名曄是為昭宗【增註】上詰其姬妾曰汝等皆勳貴子女何故從賊居首者曰狂賊凶逆國家以百萬衆失守宗祧播遷巴蜀今陛下乃以不能拒賊責女子置公卿將相于何地乎帝皆殺之　建元龍紀大順景福乾寧光化天復天祐後復恭廢與楊守亮書云吾于荆榛中立壽王纔得尊位廢定策國老有如此負心門生天子

昭宗嗣祚張濬秉鈞【註】帝即位罷李克用官爵屬籍以平

章張濬爲招討使秉國鈞【增註】天祿已去民心已離雖欲救之其安能乎時
有鄭綮好諧談多爲歇後語以譏嘲時事帝以爲有所蘊命爲相堂吏往告綮搔首曰歇後鄭五作宰相時事
可知矣慶表讓不獲命乃視事半年致仕

黨梁伐晉軍潰趙城【註】晉王李克用至汴州梁王朱全忠
襲之克用走還遂大治甲兵奏誅全忠帝得表大恐詔
和解之克用不平攻雲州詔削其爵帝信平章張濬孔
緯言卽遣緯濬伐克用克用拒于趙城官軍大潰帝懼
貶濬緯遠州司馬復克用官爵　趙城今山西霍州屬
縣【增註】華陽范氏曰克用有復唐社稷之功朱温欲殺之而朝廷不詰温以請討克用則遽從之晉張
濬之兆亂也唐之將亡如人有必死之證使和扁救之未必能起也而庸醫妄投藥以攻之所攻非疾所疾不
攻豈不速其死乎

邠岐犯闕晉舉義兵【註】靖海節度使王行瑜鎮邠州鳳翔

節度使李茂貞封岐王稱兵犯闕帝奔石門晉王李克
用舉兵討之茂貞懼上表謝罪赦之併力討行瑜遂克
邠州行瑜伏誅

季述幽帝崔胤召温【註】上惡樞密使宋道弼等專橫賜自
盡宦官皆懼中尉劉季述等幽上于少陽院立太子裕
季述手瑣院門鎔鐵錮之明年正月神策指揮使孫德
昭討誅季述上復位　上以政事悉委崔胤胤欲盡誅
宦官宦官陰令宮人詗察盡得胤密謀因百計去胤時
東平王朱温有挾天子令諸侯之意胤知謀洩急令温
以兵迎車駕許以唐社稷輸之温發大梁胤與温素厚
乃詣河中泣訴温以車駕入長安　温後賜名全忠【增
註】司馬氏曰東漢之衰宦官最橫然皆假主權依憑城社濁亂天下未有能劫脅天子如置嬰兒廢置在其

手東西出其意如唐世者所以然者非他漢不握兵唐握兵故也其禍始于明皇盛于肅代成于德宗極於昭宗而唐之社稷因以邱墟矣夫古今如巷伯之疾惡寺人披之事君鄭衆之辭賞呂彊之直諫曹日昇之救患馬存亮之弭亂楊復光之討賊嚴遵美之避權張承業之竭忠其中豈無賢人乎豈有不察臧否不擇是非欲草薙而禽獮之能無亂乎是以袁紹行之于前而董卓弱漢崔胤襲之于後而朱氏篡唐雖快一時之忿而國隨以亡是猶惡衣之垢而焚之患木之蠹而伐之其爲害豈不益多哉

宦官既戮弑逆遂行【註】崔胤復奏宦官典政當翦其根帝從之全忠遂以兵驅第五可範以下數百人盡殺之止留黄衣幼弱者三十人備洒掃　上自離長安常憂不測與何后相對悲泣全忠聞之不自安時李茂貞等移檄興復唐室全忠以帝有英氣恐生變欲立幼君謀禪代與宣徽院使蔣元暉謀元暉選牙官史太等夜叩宮門上在椒殿方醉遽起繞柱走遂遇弑并殺崔胤在位十五年元暉立輝王祚爲太子即位更名柷是爲昭宣帝【增註】是時柳璨爲相恃溫勢恣爲威福會長星出太微文昌間占者曰君臣俱災宜誅殺以應之璨因疏其素不快者于溫前後不下數百貶逐無虛日尋又聚裴樞獨孤損等三十餘人于白馬驛一夕盡殺之李振曰此輩常自謂清流宜投尸黄河使爲濁流司空圖爲員外郎棄官去柳璨以詔書迫之乃入見陽爲衰野狀墜笏失儀乃放還及昭宣被弑不食死韓偓忠于王室昭宗欲用爲相爲朱溫所沮帝不得已貶之偓曰是人非復向來比臣得貶死爲幸不忍見篡弑之事唐亡終身不食梁祿遣使奉册寶如梁楊涉子凝式曰大人身爲宰相手持天子璽綬與人雖保富貴如千秋何上有猴子善拜跪號孫供奉溫篡位朝賀猴子不肯拜殺之當代臣工如薛貽矩楊涉裴樞柳璨等鳶肩羔膝爲賊桔槔曾無一人如孫供奉可歎也

昭宣稱禪三鎭猶存【註】全忠弑何太后尋篡位廢帝爲濟陰王而弑之更名晃稱帝是爲梁太祖昭宣在位三年滅　成德魏博盧龍三藩也

迄於梁末三百五春【註】至梁末帝龍德二年約三百五年

唐亡

附梁十國

五代共十三主五十三年梁二主一十七年唐四主一十四年晉二主一十一年漢二主四年周三主十年共十三主凡八姓梁一姓唐三姓晉一姓漢一姓周二姓唐太祖莊宗爲一家明宗閔帝爲一家廢帝爲一家周太祖爲一家世宗爲一家纔六主善終唐明宗晉高祖漢高祖周太祖世宗恭帝餘七主皆死于非命

朱温淫虐後梁是稱【註】梁太祖名温姓朱宋州碭山人初從黃巢爲盜降唐賜名全忠拜汴州刺史宣武軍節度使進封梁王弒昭哀二帝簒卽帝位都汴遷洛陽稱後梁更名晃性淫亂嘗避暑河南尹張全義第亂其婦女殆遍晃長子早卒次子假子友文特愛之【增註】以金德王改汴爲開封府號東都更唐東都爲西都廢京兆府爲雍州開平三年徙洛建元開平乾化温受禪兄昱曰朱三爾本碭山一民爲盜降爲四鎮節度朝廷何負爾乃滅唐三百年社稷不顧赤吾族乎　温始以黃巢餘孼降唐秉節宣武逞其詐力遂滅有唐三百年社稷淫虐獸行禍自內作宜矣均王膏梁之子材不過人棄敬翔與王彥章而用趙巖張歸霸以與李亞子敵能無亡乎彥章號王鐵鎗跣足行刺上百步捷走如飛中都潰或勸之降章曰豹死留皮人死留名朝梁將暮唐臣我不爲也馬躓爲唐李紹奇執莊宗詰之曰我果爲鬭雞小兒乎惜其才欲降之不屈死彥章嘗曰李亞子鬭雞小兒何足畏

爲子珪滅討珪友貞【註】三子友珪無寵四子友貞晃嘗徵諸子婦入侍友文婦王特愛之欲以爲嗣友珪心不平晃疾甚召友文入出友珪爲刺史友珪懼以兵夜入晃驚起曰恨不早殺此賊友珪曰老賊萬段遂弒之而自立　友貞起兵討賊友珪自殺友貞立于大梁是爲末帝更名瑱【增註】建元貞明龍德　温因夾寨喪師歎曰經營三十年不意太原竟昌熾如此我兒非彼敵也吾無葬地矣後友珪命僕夫馮廷諤刺温刃出于背以敗氊裹埋之後唐主欲發温墓斲棺焚尸張全義言人已死刑無可加乞免其斲以全聖恩許之但鏟其闕室伐其封樹而已

趙張用事滅於晉人【註】專任趙巖及張德妃兄弟漢鼎漢
傑巖等依勢弄權離間舊臣遂至于亡　晉王李存勗
兵至梁主聚族而哭謂指揮皇甫麟曰吾不能自裁卿
可斷吾首遂弑之因自殺晉王滅梁追廢朱温及友貞
爲庶人　梁二主凡十七年起太祖開平元年丁卯終
末帝龍德二年壬午
吳王行密岐王茂貞【註】吳楊行密廬州合肥人唐淮南節
度使據廬州淮南封吳王建國揚州傳渥隆演溥溥始
稱帝凡四主共四十六年爲南唐李昪所篡　起唐昭
宗景福元年壬子終晉高祖天福二年丁酉　岐王李
茂貞卽宋文通博野人以破黃巢功賜姓名封岐王傳
從儼凡二主共十八年降後唐　起唐昭宣帝天祐四

年梁太祖開平元年丁卯終後唐莊宗同光二年甲申
【增註】蔡傳發行密祖父墓攻傳殺之或勸密亦發其祖墓密曰此傳之罪何可効史稱其知孝道之輕重
及王吳儉勤節用招撫流亾幾復承平之舊吳之叨楊惠也多矣傳子偓驕侈無道張顥徐溫帥兵二百露刃
入偓曰欲見殺耶曰誅左右亂政者因殺十餘人謂之兵諫
閩王審知楚王馬殷【註】閩王審知光州固始人據福建仕
梁爲中書令封閩王傳延翰璘始稱帝傳曦延政凡
六主共五十三年降于南唐　起唐昭宗景福二年癸
丑終晉出帝開運二年乙巳　楚馬殷昭宗時據湖南
梁封楚王許州鄢陵人傳希聲希範希廣希萼希崇號
楚爲南唐李璟所滅凡六年共五十六年　起唐昭宗
乾寧三年丙辰終周太祖廣順元年辛亥【增註】初王緒作亂時
軍中有王氣緒以漳泉道險糧少令毋以老弱隨審知與兄潮挾其母以行緒怒命斬其母潮曰我等事母如

事將軍既殺母安用其子請先母死將士爲之請乃捨之希聲居喪無戚容葬之日頓食雞臛數盤其臣潘起議之日昔阮籍居喪亦食蒸豚何代無賢

蜀帝王建燕帝守光【註】蜀王建唐昭宗時據兩川唐封蜀王唐亡稱帝傳衍爲後唐莊宗所滅凡二主共三十五年　起唐昭宗大順二年辛亥終後唐莊宗同光三年乙酉　建許州舞陽人　燕劉守光樂壽人父仁恭梁封燕王末幾守光囚父殺兄自立稱帝據盧龍立三年爲晉王存勗所滅　起梁太祖乾化元年辛未終末帝元年癸酉　梁末帝承父號三年至乙亥始改貞明【增註】建以屠盜出身爲田闔養子令孜奔依陳敬瑄乃負義并殺之建罪專矣然觀其表奏曰開柙出虎孔宣父不責他人當路斬蛇孫叔敖蓋非利己專殺不行于閫外先機恐失於轂中是建而敢于專擅豈盡建之罪哉衍嘗結繒爲山前穿渠乘船夜歸令宮女秉燭千餘居船前卻立照之水面如畫蜀降表李昊所作後蜀降表亦昊作蜀人夜書其門曰世修降表李家

嶺南劉隱荊南季昌【註】南漢劉隱上蔡人唐昭宗時據廣南梁封南海王傳龔稱帝傳玢晟鋹爲宋太祖所滅凡四主共五十五年　起梁末帝貞明三年丁丑終宋太祖開寶四年辛未　南平高季昌陝州人後梁之臣據荊南封勃海王後唐封南平王傳從誨保融保勗繼冲爲宋太祖所滅凡五主共五十七年　起梁太祖開平元年丁卯終宋太祖乾德元年癸亥【增註】季昌以唐進士梁震爲謀主呼之曰先輩震又薦孫光憲掌書記荊南大治子從誨委任震所向稱臣諸國呼爲高賴子震辭位曰先王待我如布衣交今嗣王能自立吾老矣不能復事人矣遂築室於土洲披鶴氅自稱荊臺隱士龔初無此字因白龍見南宮三清殿改元白龍乃採周易龍飛在天之義爲龔字音儼以名焉　鋹酷虐作燒煮剝剔等刑民不堪命宋太祖曰吾當救此一方人伐之鋹降至汴侍宴太祖賜之酒鋹疑有毒奉杯泣曰臣守祖父基業

遠拒朝廷勞王師致討罪固當誅陛下既待臣以不死
乞延旦夕之命以全陛下生成之恩太祖笑曰朕推心
置人腹安有此事取鋹酒自飲另斟賜之鋹慚服以己
降最先自稱降王長　鋹遇臣有才能及進士狀頭皆
先下蠶室然後得進
用入城人稅一錢

錢鏐吳越後蜀知祥 註 吳越錢鏐臨安人唐昭宗時據兩
浙以討黃巢平董昌功封越王又封吳王梁封爲吳越
王傳元瓘宏佐宏倧宏俶凡五主共八十三年歸于宋
起唐昭宗乾寧三年丙辰終宋太宗太平興國三年
戊寅　孟知祥太祖弟克讓壻唐明宗時取東川稱王
以璽制行事明宗封爲蜀王閔帝應順元年稱帝傳子
昶凡二主四十一年宋太祖滅之　起唐莊宗同光三
年乙酉終宋太祖乾治三年乙丑 增註 昶以七寶裝溺
器宋祖責之曰
汝以七寶裝此不亡何待命捶碎之　鏐幼時遊石鏡
山有石如鑑照鏐形服如王者狀少在軍枕小圓木或

大鈴名曰驚枕有所記書于粉盤及爲節度遇寢有白
事者令振紙即寤先是海潮爲浙患鏐以强弩射潮頭
潮漸向西陵因築塘捍之名其門曰候潮判官新城人
羅隱勸其討朱溫曰縱事不成猶可退保奈何事賊爲
終古羞鏐雖不用亦終不從溫貫休上詩曰滿堂花醉
三千客一劍霜寒十四州鏐曰何不改爲四十休曰詩
亦難改州亦難添五代時吳越地方千里其民老死不
知兵甲鏐之德吳越也甚厚且俶以全境入宋則有功
于朝亦非小斯眞五
代中出類拔萃者也

前後竊據分裂封疆 註 自唐末梁初各據土僭號至宋太
宗太平興國四年滅北漢共八十三年僭竊始絕中間
壽考全身者二十餘人閩王審知吳楊行密隆演溥吳
越錢鏐元瓘宏佐宏倧宏俶楚馬殷希聲希範南平高
季昌從誨保融保勗蜀王建後蜀孟知祥南漢劉龑晟
北漢劉旻承鈞餘皆死于非命連南唐北漢凡十一處
共四十二主十國惟吳越楚南平止稱王餘皆稱帝五

代史燕不在十國之數

後唐承唐號以土德王初居魏後徙洛改魏爲鄴都魏今大名府

惟晉仗義莊宗嗣王【註】後唐莊宗姓李名存勗小字亞子其先出於西突厥自號沙陀以朱邪爲姓祖赤心以討龐勛功拜振武節度使賜姓李名國昌父克用破黃巢復京師封晉王唐亡蜀王建遺克用書請各帝一方克用復書云誓于此生靡敢失節　克用卒子存勗嗣王是爲莊宗【增註】建元同光　求唐舊臣節度副使蘇循至魏望府即拜謂之拜殿見晉王獻大筆三十枝謂之書日筆倡爲賣國異時馮道效之展轉販賣寧不以蘇循段凝爲首惡耶　武皇克用以沙陀微種奄有東河黃巢之亂有大功于唐室至其晚節窮居一隅僅能自保莊宗弱齡嗣位而能以恩信結人策馬渡河朱氏失國可謂能矣惜其矜功自喜御衆無法不及三年而身殞族亡悲夫明宗焚香祝天亦出誠心較之五代粗爲小康潞王負扆未安家爲煨燼十年之中易姓者三禍福相尋何其速哉

三矢不辱癸未滅梁【註】晉王克用將終以三矢遺莊宗曰梁吾仇也燕王吾所立契丹與我約爲兄弟而皆背吾歸梁此三者吾遺恨也與爾三矢爾其無忘乃父之志莊宗受而藏之于廟用兵則請一矢以行及凱旋而納之癸未十月滅梁追廢朱温瑱爲庶人【增註】唐末詔諸道誅監軍官者張承業在晉李克用斬罪人應詔承業因留事晉課農桑儲國用及莊宗將即大位諫曰王世世忠貞所以老奴三十年爲王摭拾財賦召補兵馬誓滅逆賊復列聖深仇然後求唐後而立之此老奴志也今王自取之誤老奴矣因慟哭歸晉成疾而卒綱目大書壬午冬十一月唐特進監軍張承業卒時唐亡已十六年曷爲冠以唐著承業之乃心唐室也

繫燕平蜀得志淫荒【註】乾化元年繫燕父子以歸先斬守光刺仁恭心血以祭先王墓遣魏王繼岌及郭崇韜將兵滅蜀王衍降遂稱帝　上善音律或時自傅粉墨與

優人共戲優人稱爲李天下諸伶人侮弄縉紳羣臣憤嫉又命優人景進采民女三千餘人入宮

后殺崇韜以喪魏王 註 侍中郭崇韜旣平蜀分遣兵討蜀中羣盜未還唐主使宦者向延嗣促之崇韜素疾宦官延嗣歸譖于劉后后自爲教與繼岌使殺崇韜　魏王繼岌至興平聞亂復引兵退至武功留守張籛已斷浮梁李從襲曰時事已去王宜自圖繼岌徘徊流涕李環縊殺之

身死伶人明宗似續 註 上復入氾水將發伶人從馬直指揮使郭從謙作亂爲流矢所中而殂聚樂器焚其屍在位三年　邈佶烈本虜人無姓氏克用養子賜名嗣源從征伐有功號李横衝入洛陽會莊宗遇弑遂監國尋

卽位是爲明宗更名亶 增註 建元天成長興伶人有爲刺史者迴瀾云舟不覆龍門而覆東臺車不蹟太行而蹟坦途猛虎物不能害反侵斃于毛間蟲者眞善言莊宗者也

生聖祝天九經刋鬻 註 每夕焚香祝天曰某虜人因亂爲衆所推願天早生聖人爲生民主是夕宋太祖生　初長興三年刻九經版印賣之從馮道之請也學者得書之易始此 增註 自唐末淸流以後人文之澌滅盡矣明宗以彊場老革目不知書乃設學士講讀等官在時君屈指無兩雖日未學吾必謂之學矣命解縱鷹隼馮道日陛下仁及禽獸上日不然朕昔從武皇畋秋方孰有禽逸入田中餘稼無幾知田有損無益故不爲也五季之君夷狄之人而知以經術爲先務賢矣然須之可也譏之非也宜以監本爲正傳郡邑皆傳刊焉則善矣

休兵䘏民知祥據蜀 註 在位八年年穀屢豐兵革罕用較五代爲小康　龍江孟知祥晉太原尹北京留守仕唐爲成都尹劍南西川節度使加中書令封蜀王據兩川

稱帝傳祀爲宋太祖所滅凡二主共四十一年起唐莊宗同光三年乙酉終宋太祖乾德三年乙丑【增註】明宗與馮道從容語及年穀屢登四方無事道曰臣昔在先王幕府奉使中山歷井陘臣憂馬蹶執轡甚謹幸而無失逮至平路放轡自逸俄至顛隕凡爲天下亦猶是也明宗深以爲然又問今歲雖豐百姓贍足否道曰歲凶則死于流殍歲豐則傷于錢穀豐凶皆病惟農家爲然臣記進士聶夷中詩云二月賣新絲五月糶新穀醫得眼前瘡剜卻心頭肉語雖鄙俚曲盡田家苦狀唐主悅道人不足取然因事納諫君子不没其美可謂不以人廢言也

潞弒閔王石郎禍速【註】唐主殂子從厚立是爲閔帝（建元應順）潞王從珂本王氏子從明宗征伐有功養爲子鎮鳳翔其子重吉典禁兵朱宏昭馮贇位望素出其下一旦執政從珂忌之使臣至鳳翔者伺得從珂陰事朱宏昭等乃出重吉于亳州從從珂鎮河東從珂疑懼遂反兵至陝唐主奔衛州從珂遣使酖之不飲縊殺之并其妃及四子從珂自立是爲廢帝（建元清泰）　帝與河東節度使石敬瑭素不相悅敬瑭妻晉國公主明宗女也唐主以生日爲千春節公主自晉陽來上壽畢辭歸唐主醉曰何不且留還歸欲與石郎反耶敬瑭聞之懼尋徙爲天平節度使敬瑭拒命唐討之求救于契丹契丹兵南下唐主登元武樓自焚死【增註】從珂兵將至馮道謂中書舍人盧導曰勸進文宜速具草導曰安有人臣敢以大位勸人耶道曰事當務實李愚曰舍人之言是吾輩罪難擢髮矣詎料潞王方至蔣橋而道已上牋勸進豈從實耶時相馬允孫不開門延士不開印理事不開口言政號三不開　從珂歛民財以賞軍士市人曰汝輩受厚賞反使我輩鞭背杖胸耶

十有四年後唐云覆【註】唐亡十有四年凡四主起後唐莊宗同光元年癸未終廢帝從珂清泰二年乙未

南唐凡三主共三十九年起晉高祖天福
二年丁丑終宋太祖開寶八年乙亥

吳禪南唐丁酉斯續[註]南唐姓李名昪字正倫徐州人自
言唐憲宗子建王恪四世孫吳相徐温養爲子名知誥
以功拜刺史楊溥稱帝知誥爲相封齊王晉天福二年
丁酉滅吳受禪據其地復姓更名改號南唐稱帝是爲
烈祖[增註]昪立江淮連年豐稔羣請出師圖北方昪曰
吾少長軍旅知兵之害民者深不忍復言使
彼安則吾民亦安故終昪之世江淮稱乂安焉初與洪
州萬載進士宋齊丘字子嵩爲布衣交每屏人語或置
爐以鐵筯畫灰爲字隨滅之齊丘爲鎭南節度使罷不
復朝謁遣壽王景勞問齊丘始朝曰陛下中興臣之力
也何忘之昪怒曰公以遊客干朕今爲三公足矣齊丘
日臣爲遊客時陛下乃偏裨耳明日手詔謝曰朕褊性
子嵩所知少相親老相
怨可乎乃以鎭洪州

烈祖保民元宗國蹙[註]烈祖心存恤民嘗問方士王栖霞
何道可致太平對曰王者治心治身乃治家國後餌方

士靈丹浸成躁急疽發背尋殂在位七年子璟立是爲
元宗　周世宗命宿衞將趙匡胤伐之襲唐滁州去帝
號國曰削[增註]昪將死詔其子璟曰吾餌金石
始欲益壽而更傷生宜戒之

孫晟使周君命不辱[註]遣學士李德明司空孫晟如周割
壽濠泗楚光海六州求罷兵不許乃遣弟齊王景達將
兵拒之又爲匡胤所破乃盡獻江北地奉周正朔更名
景司空孫晟使周知不免曰吾終不負長陵一坏土至
大梁問以唐虛實默不對乃命曹翰送于右軍巡院從
容問之終不言曹翰曰有敕賜相公死晟神色不變索
袍笏南向拜曰臣謹以死報國[增註]時節度使邊鎬先
從查文徽克建州
凡所俘獲皆全之建人謂之邊佛子及克潭州市不易
肆潭人謂之邊菩薩旣爲武安軍節度政無紀綱日事
齋供修佛事潭人失望謂之邊和尙
吉水歐陽廣上言鎬非將帥才不報

仁瞻彦卿死守疆域【註】周師逼壽州守將劉仁瞻併力拒之後病且死副將孫羽等以壽州降周又攻楚州守將張彦卿等城守甚堅世宗督兵攻之城陷彦卿戰死

三十八年亡于主煜【註】上立十八年以周世宗數伐傳位太子煜煜立改國號曰江南好浮圖喜聲色不恤政事宋遣都監曹彬伐之煜乞緩師不許以煜至京師封違命侯在位十五年南唐亡凡三主共三十九年起晉高祖天福二年丁酉終宋太祖開寶八年乙亥【增註】煜喜塡詞嘗與嬖倖奕給事中永新人蕭儼舉枰投地煜怒曰汝魏徵耶儼曰臣非魏徵陛下亦非唐太宗矣後作高樓儼諷曰恨樓下無井煜曰何故曰以此不及景陽樓耳用陳後主辱井事 宋師下江南煜遣學士徐鉉乞緩師帝按劍怒曰卧榻之側豈容他人鼾睡初池州樊若水漁釣于采石江上乘小舟載絲繩以維兩岸得其廣狹至是請宋造浮梁濟江若履平地宋師至城下累月煜猶不知及巡城乃大驚歸宋後惟日夕以眼淚洗面顏耳

附後晉 沙陀種起于高陽因以爲號以金德王都汴

晉篡後唐棄州十六【註】後晉高祖姓石名敬瑭父臬捩本出西夷以從李克用征伐有功爲洛州刺史敬瑭仕後唐爲太原節度使尚永寧公主尋起兵滅後唐受契丹冊命篡卽帝位是爲晉高祖都洛國號曰後晉建元天福割幽薊涿檀順新雲蔚瀛莫武應朔媯儒寰等十六州與契丹仍歲輸帛三十萬疋【增註】高祖從李克用有功爲明宗壻借契丹兵滅唐賂之地使山前山後幽薊十六州之地久失出帝舍桑忠謀而用景狂策內政不修外挑强寇生爲降虜死爲羈魄非不幸也 桑維翰 景延廣 初敬瑭求救于契丹劉知遠謂宜厚以金帛不宜許以地異日恐爲中國患敬瑭不聽

父事契丹敬瑭忍辱【註】稱臣於契丹事以父禮上尊號契

丹主約敬瑭更表爲書稱兒皇帝如家人禮後以契丹數來讓上憂憤成疾以幼子重睿托馮道輔立之在位七年殂司徒馮道以國家多難宜立長君乃立齊王重貴是爲出帝【增註】建元開運　晉王以軍事問馮道對曰征伐大事在聖心獨斷臣書生唯知守歷代成規而已後朝遼德光曰何以來朝曰無兵無餉是以來朝德光曰爾是何等老子曰無才無德頑皮老子德光悅授以太傅　初道爲首相依違兩可或曰道承平庸相今用之如禪僧飛鷹耳乃以爲匡國節度使道少以孝謹知名至唐莊宗時始貴顯歷仕晉漢周四朝皆不失公卿之位爲人清儉寬弘浮沈于世嘗歷敘累朝榮遇自號長樂老眞廉恥喪盡矣　出帝事契丹禮漸衰桑維翰諫不聽景延廣對契丹使者喬榮大言曰歸語爾主先帝北朝所立故稱臣今上中國所立所以不忘盟約者爲先帝耳爲鄰稱孫足矣無稱臣之禮翁怒則來戰孫有十萬橫磨劍足以相待也他日爲孫敗取笑于天下勿悔　按維翰字國僑河南人身短面長自奇曰七尺軀不如一尺面主司惡其姓不錄或勸改圖桑鑄鐵硯曰硯穿則改卒舉進士及第

重貴被囚遼人肆毒謂孫勿憂啗飯亦足【註】契丹入寇晉將杜重威張彥澤等皆降遂倍道斬關而入晉王草降表稱孫男臣重貴禍及神惑運盡天亡今與太后及妻面縛待罪契丹主曰孫勿憂必使汝有啗飯之所廢爲負義侯徙之黃龍府後晉亡契丹後改爲遼後晉凡二主共十一年起高祖天福元年丙申終出帝開運三年丙午

附後漢北魏凡四主共二十九年起周太祖廣順元年辛亥終宋太祖太平興國四年乙卯　以水德王

後漢劉暠晉陽改卜【註】後漢高祖姓劉名知遠更名暠其先沙陀部人仕晉爲領忠武軍節度使封北平王及契丹滅晉中原無主即帝位都汴是爲後漢高祖自言漢明帝子淮陽王昞後因號漢稱帝于晉陽後改都汴在

位二年殂子承祐立是爲隱帝與高祖同號乾祐增註知遠以出帝北去中原無主即位晉陽後都大梁豈其才德之首出哉乃會逢其適也隱帝狎便佞而戮大臣禍不旋踵宜矣父子相繼四年而滅享國之短古未有也

承祐濫刑遂爲周僇註帝年壯恐爲大臣所制殺樞密使楊邠侍衛指揮使史宏肇三司使王章遣使殺侍中郭威威舉兵反遂弑承祐後漢亡凡二主共四年起高祖乾祐元年丁未終隱帝乾祐二年庚戌增註史宏肇曰長鎗大劍安用毛錐王章曰無毛錐賦何由出語言牴牾遂成嫌隙上有所問楊邠輒曰陛下禁聲有臣等在此時郭威新破守貞自河中還過洛陽留守王守恩肩輿出迎威怒其慢不見即以頭子命白文珂代之頭子樞密使劄子也威詣闕馮道帥百官謁見威猶拜之道受拜如平時徐曰侍中此行不易蓋已爲威畫策篡位矣

河東劉崇承鈞猶續註北漢劉崇後漢高祖母弟更名旻爲漢平章加中書令因郭威篡漢稱帝于晉陽據太原

在位四年殂號乾祐廟號世祖子承鈞立是爲孝和帝帝勤于爲政體士愛民事契丹稱男契丹賜詔謂之兒皇帝在位十三年殂甥繼恩立姓薛氏增註崇止有并汾等十二州謂其臣曰我是何等天子汝等是何等節度因稱姪乞冊契丹求助宋祖諭承鈞早決報曰河東土地甲兵不足當中國什一然我家非叛懼漢氏之不血食耳宋祖哀之終鈞十四年未嘗加兵

繼恩繼元國祉斯屋註上養繼恩爲子後因無嗣立之在位二月爲供奉官侯霸榮所弒大臣郭無爲誅之而立承鈞養子繼元姓何氏宋太宗太平興國四年伐之繼元縞衣紗帽降宋主御北城高臺受之封彭城郡公右衛上將軍北漢亡凡四主共二十九年起周太祖廣順元年辛亥終宋太宗太平興國四年己卯

附後周增註郭之得姓出自虢叔爲周室裔因號周木德王都汴初道士刺威項左雀右穀

曰他日雀啣穀是亨日及爲帥雀穀近卽位時雀果啣穀

後周郭威虢叔苗裔【註】後周太祖姓郭名威邢州堯山人虢叔之後父簡順州刺史爲劉仁恭所殺帝少賤黥其頸上爲飛雀世稱郭雀兒仕漢爲樞密使鄴都留守舉兵入汴爲衆所推裂黃旂以被威體卽皇帝位是爲太祖在位三年殂無嗣立后兄守禮子柴榮邢州人太祖愛其謹厚養爲己子封晉王至是立是爲世宗不改元【增註】後周建元廣順顯德初漢法嚴犯私皮一寸者死帝寬其禁漢宮玉器悉碎之曰帝王安用此　初魏人柴翁女備後唐莊宗掖庭明宗時遣歸謂其父母曰溝旁郵舍隊長長項爲雀形者極貴人也遂歸之一日晨起翁笑不止漏言曰花項漢作天子矣蓋翁司冥間事

太祖負震主之嫌乘漢危而移其祚雖履天下之籍而室家先覆矣世宗以異姓入承大統并心進取南割江淮西克秦鳳北開關南攻無堅城戰無勁敵又以桴鼓之隙治律歷明典禮可謂知治安之本矣五代十二君愛民者三人而世宗爲最大功未竟中道而殂抑亦天之將啟宋也　初太祖祀孔子下拜左右曰孔子臣也胡可下拜太祖曰孔子百世帝王師敢不拜乎

世宗柴榮英武特異【註】史斷曰世宗文武參用各盡其能破高平之寇人皆服其英武高平既敗北漢斬樊能何徽二將【增註】司馬溫公曰世宗誠賢君哉觀其王環以不降受賞劉仁贍以堅守褒嚴續以盡忠獲存馮道以失節被棄張美以私恩見疏江南未服則親犯矢石期于必克既服則愛之如子爲之遠慮其宏規大度眞書所謂王道蕩蕩大邦畏力小邦懷德世宗庶乎近之矣若唐莊宗雖亦英武何足與之並論哉

賢臣王朴開邊定計【註】北部郎中王朴獻平邊策一篇遂定計攻敵【增註】王朴字文伯東平人明敏多材智非獨當時之務至于陰陽律歷之法莫不通焉官樞密使平邊之策料敵如神後宋混一天下卒如所言顯德六年卒世宗臨其喪以玉鉞叩地大慟者數四

取隴平淮遂恢北鄙【註】遣鳳翔節度使王景伐蜀取秦階成川克鳳川擒其節度使王環暨監趙崇溥自將伐南

唐遂盡取江北地得州十四縣四十江淮始通舟楫伐契丹悉平關南恢復北鄙吳越皆遣使入貢

毁佛鑄錢均田致治 註 時中國乏錢詔毁天下銅佛像鑄錢曰吾聞佛以身爲幻妄而以利人爲急今利于民豈惜此銅像哉　帝見唐元稹均田圖卽詔頒圖法使吏民習之期以一年盡均天下田以百戶爲團團置耆長三人

省刑錄囚賞忠選吏 註 帝親錄囚于內苑有汝州民馬遇父及弟爲吏寃死屢經覆按不能伸世宗親錄囚徒始得其實人以爲神由是諸長吏無不親察獄訟　有功者厚賞欲相魏仁浦議者以仁浦不由科第世宗曰自古用文武才畧爲輔相者豈盡由科第耶卒相之仁溥

謙謹匡益實多雖起刀筆吏人不以爲忝 增註 周以太祖世宗之德澤猶在人心何當時部出袖中袍加身上竟無一霜松雪柏金石其操耶蓋天理民彝至五代時消磨盡矣陳橋之袍皆藍本檀州之旂時使然耳然天將使聖人蕩平五閏日月既出爝火亦未有不息者也按恭帝以七歲孤兒抱以寡婦倉卒出師誰知是計匡亂自立范質曰倉卒遣將吾輩之過也匡亂謂將士曰太后主上我北面事之不得驚犯公卿不得侵陵朝市府庫不得侵掠衆曰諾乃肅隊歸邸公署陶穀已出禪詔于袖中衆擁范質王溥入溥下拜質不得已亦拜

禮正樂明法垂後世 註 與王處訥竇儀之徒修通禮正準律制度文爲皆可施之後世在位六年殂子梁王宗訓立是爲恭帝

恭作宋賓用開至治黃袍加身檢點天子 註 北漢契丹入寇遣殿前都檢點趙匡胤將之兵次陳橋驛將士尊匡胤爲天子是爲宋太祖廢宗訓爲鄭王爲宋之賓符后

爲周太后周亡凡三主共十年起太祖廣順元年辛亥終恭帝顯德元年庚申　陳橋驛在今開封府城北〔增〕〔註〕五代時僭偽十國皆因時竊據稱制一方一傳再傳弑奪累見宋太祖起兵或滅或降或入于宋而天下一統矣　宋初路振九國誌不列南平五代史列焉　南平通鑑稱荆南

史要卷四終